TANJA DUSY & INGA PFANNEBECKER

LOW CARB

RAFFINIERT KOMBINIERT

EMF

EIN BUCH DER
EDITION MICHAEL FISCHER

INHALT

„UND WAS GIBT'S DAZU?"

… fragen sich viele Menschen, die Low Carb essen wollen. Ob Steak, Hähnchenkeule, Lachsfilet oder Spiegelei ist schnell entschieden – aber was soll man als Begleitung machen, wenn die Klassiker Nudeln, Reis oder Kartoffeln auf einmal nicht mehr infrage kommen?

Dieses Buch liefert gleich 80 köstliche Antworten: Von knackigen Salaten und neuen Gemüse-Ideen über falsche „Bratkartoffeln" und Gemüse-Nudeln bis Eiweiß-Brot ist für jedes Gericht und jeden Geschmack garantiert die passende Beilage dabei. Genial: Alle Beilagen im Buch lassen sich mit allen Haupt-Eiweißzutaten kombinieren. So entstehen immer wieder neue raffinierte Lieblingsgerichte.

Die Beilagen sind dabei so gut, dass sie ganz schnell vom Nebendarsteller zum Star auf dem Teller werden und selbst aus dem einfachsten Schnitzel, Lachsfilet oder Tofu mit wenig Aufwand ein ganz besonderes Essen machen. Damit die eiweißreichen Hauptzutaten da überhaupt noch mithalten können, gibt es dafür auch ein paar neue Lieblings-Rezeptideen und Zubereitungstipps.

Das Ganze gelingt ohne Stress auch im Alltag, denn alle Rezepte sind ganz unkompliziert und mit wenigen Handgriffen gezaubert. Ganz egal, was Sie auf dem Teller zusammenbringen: Der Mix ist am Ende immer Low Carb und sorgt dafür, dass Sie mit viel Genuss einfach in Balance bleiben.

Also, kombinieren Sie nach Lust und Laune drauf los oder lassen Sie sich von den Kombinationen auf Seite 136–139 inspirieren und finden Sie Ihre ganz persönlichen Low-Carb-Traumpaare auf dem Teller.

Viel Spaß dabei wünschen Ihnen

Tanja Dusy & Inga Pfannebecker

LOW CARB OHNE STRESS

Kein Kalorienzählen, keine umständlichen Regeln: einfach weniger Kohlenhydrate und dafür mehr Eiweiß und Gemüse – und schon stimmt der Mix auf dem Teller.

DAS ERFOLGSPRINZIP

Die perfekte Low-Carb-Kombination liefert **höchstens 30 Prozent der Kalorien aus Kohlenhydraten.** Die Basis dafür ist Gemüse in Hülle und Fülle, **eine gute Portion Eiweiß**, mal aus Fleisch, mal aus Fisch, mal vegetarisch aus Eiern und Milchprodukten oder vegan aus Hülsenfrüchten und Sojaprodukten. Und dazu eine **kleine, aber am besten feine Menge hochwertiges Fett**. So bleiben Sie ganz einfach in Balance. Wir haben bei allen Beilagen angegeben, wie viel Prozent der Kalorien aus Kohlenhydraten stammen. Da Gemüse zum größten Teil aus Kohlenhydraten besteht, gibt es einige Beilagen, wo der Anteil höher als 30 Prozent ist. Aber keine Sorge: Kombiniert mit einer der Eiweißkomponenten, sinkt der Gesamt-Kohlenhydratanteil des Gerichts und der Mix auf dem Teller ist am Ende auf jeden Fall Low Carb.

TSCHÜSS, HEISSHUNGER

Nach dem Essen von schnell verwertbaren Kohlenhydraten aus Süßem und Stärkereichem, wie z.B. Nudeln oder Weißbrot, steigt unser Blutzuckerspiegel steil an. Damit er wieder sinkt, produziert unser Körper reichlich Insulin, das den Zucker im Blut abbaut. So sackt der Blutzucker schnell in den Keller – und die nächste Heißhungerattacke naht. Wer **weniger Kohlenhydrate** isst und dabei auf **»Slow Carbs« aus Gemüse oder Hülsenfrüchte** setzt, wird bald merken, dass er kaum noch Heißhunger hat. Denn Slow Carbs müssen im Gegensatz zu den schnellen Varianten aus Stärke und Zucker erst zerlegt werden, bevor der Körper die Energie nutzen kann. Dadurch lassen sie den Blutzuckerspiegel sanfter und langsamer ansteigen.

ABENDS LIEBER LOW CARB

Denn das gibt dem Körper die Chance, die lange Esspause im Schlaf dazu zu nutzen, sich zur **Energiegewinnung aus den Fettreserven** zu bedienen und die Pölsterchen so über Nacht abzubauen.

HALLO FETTVERBRENNUNG

Weniger Kohlenhydrate und mehr Eiweiß auf dem Teller bringen die Fettverbrennung so richtig auf Touren. Denn der Mix hält den **Blutzucker- und Insulinspiegel niedrig.** Und nur, wenn nicht zu viel von dem Dickmacherhormon Insulin im Blut schwimmt, kann auch Fett aus den Pölsterchen abgebaut werden. **Eiweißreiches Essen** hat noch ein Plus: Es kostet den Körper mehr Energie bei der Verdauung und **regt Stoffwechsel und Fettverbrennung** dadurch zusätzlich an.

IST NO CARB NOCH BESSER?

Ganz auf Kohlenhydrate zu verzichten, ist auf Dauer **nicht empfehlenswert**. Denn dadurch lassen Sie sich auch viele wertvolle Nährstoffe wie Vitamine, Mineralien, Bioaktiv- oder Ballaststoffe entgehen. Denn auch **Gemüse besteht zum größten Teil aus Kohlenhydraten**. Da diese Kohlenhydrate aber im Vergleich nur langsam verdaut werden und den Blutzuckerspiegel dadurch auch nur sanft ansteigen lassen – besonders, wenn sie mit Eiweißreichem kombiniert werden – sollten Sie hier durchaus zugreifen. Weiteres Plus: **Gemüse füllt den Magen mit Ballaststoffen, aber wenig Kalorien.** Das macht es leichter, in Form zu bleiben, ohne zu hungern.

MIX & MATCH

Mit diesen 8 praktischen Tipps werden Sie zum erfolgreichen Matchmaker auf dem Teller und bringen Partner zusammen, die echte Traumpaare sind.

1 GEGENSÄTZE ZIEHEN SICH AN

Zum sanft gedünsteten Lachs passt z.B. ein knackiger Salat mit kräftigen Aromen, während sich ein saftig gebratenes Steak gerne an ein cremiges Gratin schmiegt.

2 IN DER FAMILIE BLEIBEN

Nicht zu viele unterschiedliche Aromen mixen – eine mediterrane Beilage besser nicht mit einem asiatisch gewürzten Hähnchen paaren, sondern z.B. mit einem Parmesan-Steak oder Kräuter-Feta und die Asia-Beilage besser mit Kokos-Tofu als mit Paprika-Hähnchenkeule.

3 SPANNUNG AUF DEM TELLER

Achten Sie auf die Konsistenz: Der Kombi weicher Käse mit cremigem Püree fehlt einfach der Biss, um interessant genug zu sein. Bei weichem Käse und knackigem Salat knistert es dagegen vor Spannung.

4 SAISONALES KOMBINIEREN

Gemüse-, Kräuter- und Salatsorten, die gemeinsam Saison haben, ergänzen sich mit ihren Aromen meist auch besonders gut.

5 PASSEND ZUM ANLASS

Wählen Sie die Beilagen entsprechend dem Anlass aus. Zum feinen Filetsteak für´s Candle-Light-Dinner oder Sonntagsessen passt eine elegante Beilage, wie z.B. Spargel aus dem Ofen, besser als eine besonders rustikale, wie z.B. ein „falscher" Kartoffelsalat.

6 DAS AUGE ISST MIT

Weißer Ofenkäse zu weißem Blumenkohlpüree wirkt nicht besonders attraktiv. Auf einem knalligen Möhrenpüree kommt er dagegen voll zur Geltung.

7 DIE BALANCE WAHREN

Indem Sie besonders leichte Beilagen mit den etwas kalorienreicheren Eiweißkomponenten kombinieren und die eher üppigeren Beilagen lieber zu einem leichteren pochierten Ei servieren. So gleichen sich die Kalorien gut aus.

8 PRAKTISCH DENKEN

Wenn es zum Ofen-Lachs ein Ofengemüse geben soll, das bei einer anderen Temperatur gegart wird, wird es schwierig. Ein Salat lässt sich dagegen wunderbar zubereiten, während der Lachs im Ofen gart.

LOW-CARB-TAUSCHBÖRSE

Tauschen statt verzichten lautet das Motto bei Low Carb. Die Liste veranschaulicht, bei welchen Produkten Sie zugreifen dürfen und bei welchen besser nicht.

✔ TOP

Hier bitte zugreifen!

- Gemüse, Pilze, Avocado
- Salat
- Kräuter
- Fleisch und magere Wurstwaren, wie z. B. Schinken
- Fisch
- Meeresfrüchte
- Eier
- Milch und ungesüßte Milchprodukte, wie z. B. Käse
- Tofu, Tempeh und andere ungesüßte Sojaprodukte
- Butter
- Pflanzenöle
- Nüsse, Kerne und Samen
- Zuckerarme Obstsorten, wie z. B. Beeren oder Papaya
- Hülsenfrüchte in kleinen Mengen
- Kokosblütenzucker in Mini-Mengen zum Abschmecken (er lässt den Blutzuckerspiegel weniger stark ansteigen als normaler Zucker oder andere Süßungsmittel wie Honig)

FLOPP

Diese Produkte bitte ersetzen!

- Kartoffeln
- Nudeln und andere Getreideprodukte, wie z. B. Müsli
- Reis
- Brot, vor allem aus Weißmehl
- Süßes und herzhaftes Gebäck
- Gesüßte Milchprodukte, wie z. B. Fruchtjoghurt
- Gesüßte Pflanzenmilch
- Sehr stärke- und zuckerreiche Gemüsesorten, wie z. B. Zuckermais
- Sehr zuckerreiche Obstsorten, wie z. B. Bananen
- Süßigkeiten
- Zucker, Honig, Agavendicksaft oder andere Süßungsmittel (Ausnahme: in Mini-Mengen, wie z. B. 1 Prise zum Abschmecken)

GEMÜSE-AMPEL

Vorfahrt für Grünzeug, das besonders wenig Kohlenhydrate enthält! Hiervon können Sie so viel essen, wie Sie möchten, ohne Ihr Kohlenhydratkonto zu belasten. Bei Gemüsesorten, die etwas mehr Kohlenhydrate haben, besser nur ein bis zwei Portionen am Tag essen. Und die wenigen kohlenhydratreicheren Sorten am besten nur in kleineren Mengen und mit anderen Gemüse gemischt oder ab und zu genießen.

Butternuss-Kürbis, Dicke Bohnen, Erbsen, Mais, Pastinaken, Rote Bete, Steckrübe, Süßkartoffeln

Artischocken, Auberginen, Chicorée, Fenchel, grüne Bohnen, grüne Paprika, Grünkohl, Hokkaido-Kürbis, Kohlrabi, Mangold, Oliven, Porree, Radieschen, Rosenkohl, Rotkohl, Spaghettikürbis, Stangensellerie, Topinambur, Weißkohl, Wirsing, Zwiebeln

Bambussprossen, Blumenkohl, Brokkoli, Chinakohl, Eisbergsalat, Feldsalat, Pilze, Rettich, Rucola, Salatgurke, Sauerkraut, Spargel, Spinat, Tomaten, Zucchini

OBST-AMPEL

Früchte liefern Vitamine, Mineralstoffe und Ballaststoffe, aber – je nach Sorte – auch viel Fruchtzucker. Der wirkt sich auch auf den Blutzuckerspiegel aus und sollte daher bei einer Low-Carb-Ernährung nur in kleinen Mengen aufgenommen werden. Daher gilt: ein bis zwei Portionen Obst aus der grünen Abteilung, maximal eine Portion aus der gelben Abteilung und die rote Abteilung mit den fruchtzuckerreichen Sorten am besten selten und in kleinen Mengen genießen.

Ananas, Banane, Datteln, Feigen, Litschi, Mango, Persimon/Kaki, Süßkirschen, Weintrauben, alle Trockenfrüchte

Apfel, Aprikose, Birne, Clementine/Mandarine, Grapefruit, Honigmelone, Kiwi, Nektarine, Orange, Pfirsich, Sauerkirschen, Wassermelone

Blaubeeren, Brombeeren, Cranberrys, Erdbeeren, Himbeeren, Johannisbeeren, Papaya, Stachelbeeren, Zitronen

BROTZEIT

Diese Brote sind eiweißreich und kohlenhydratarm, werden auf Vorrat gebacken und passen dann als schnelle Beilage zu jeder Eiweißkomponente.

CLOUDBREAD

Für 8 Stück

35 Minuten

3 Eier (Größe M)
Salz
100 g Doppelrahm-Frischkäse
1 gestrichener TL Backpulver
2 Msp. Currypulver
getrocknete Kräuter (z. B. Kräuter der Provence, italienische Kräuter, getrockneter Oregano)

Den Backofen auf 150 °C Ober-/Unterhitze (Umluft 130 °C) vorheizen. Zwei Backbleche mit Backpapier auslegen.

Die Eier trennen, Eiweiße mit 1 Prise Salz mit den Schneebesen des Handrührgeräts steif schlagen. Eigelbe mit Frischkäse glatt verrühren, Eischnee daraufgeben, Back- und Currypulver durch ein feines Sieb darüberstäuben (es sollte pulvrig fein sein) und alles vorsichtig ganz luftig untereinander mischen.

Die Masse in 8 Portionen mit reichlich Abstand zueinander als Häufchen auf die Bleche setzen, nach Wunsch mit getrockneten Kräutern bestreuen. Im heißen Ofen (Mitte) in 25 Minuten goldbraun backen. Herausnehmen, kurz abkühlen und dann auf Kuchengittern vollständig auskühlen lassen. Die Cloudbreads lassen sich prima einfrieren und, aufgetaut oder kurz im Toaster geröstet, essen.

EIWEISS-NUSS-BROT

Für ca. 20 Scheiben

70 Minuten

Fett und Haferkleie für die Form
100 g Haselnussmehl (entölt; Bioladen oder Reformhaus)
50 g geschroteter Gold-Leinsamen
50 g Sojamehl
2 EL Dinkel-Vollkornmehl
4 EL Haferkleie
1 Pck. Backpulver – Salz
300 g Magerquark
8 Eiweiß
2–3 EL Haselnussblättchen zum Bestreuen

Den Backofen auf 175 °C Ober-/Unterhitze (Umluft 150°C, mittlere Schiene) vorheizen. Eine Kastenform (25 cm Länge) einfetten und mit Haferkleie ausstreuen.

Nussmehl mit Leinsamen, Sojamehl, Vollkornmehl, Haferkleie, Backpulver und 1 knappen TL Salz in einer Rührschüssel mischen. Den Quark und die Eiweiße zugeben und mit den Schneebesen des Handrührgerätes unterrühren. Den Teig in die vorbereitete Form füllen, mit Haselnussblättchen bestreuen und im heißen Ofen 50–55 Minuten backen. Etwa nach der Hälfte der Backzeit mit Backpapier abdecken, damit die Oberfläche nicht zu dunkel wird.

Das Brot herausnehmen, ca. 10 Minuten in der Form ruhen lassen. Anschließend vorsichtig aus der Form stürzen und auf einem Kuchengitter auskühlen lassen. Das ausgekühlte Brot in Scheiben schneiden und einfrieren. So hält es sich für ca. 3 Monate und lässt sich bequem im Toaster auftauen.

EIWEISS-NUSS-BROT
CLOUDBREAD

RINDERSTEAK

MITTELFETT | CA. 150 G PRO PERSON

Filetsteak ist besonders mager und zart. Ebenfalls mager, aber herzhafter im Geschmack ist das Hüftsteak. Das saftige Rumpsteak hat eine feine Fettmarmorierung. Für Viele reichen größere Varianten, wie z. B. Rib Eye bzw. Entrecote oder T-Bone-Steaks.

BESTE GARMETHODEN

Im Ganzen in der Pfanne oder auf dem Grill kurz gebraten und gewürzt oder mit Würzbutter verfeinert.

Im Ganzen in der Grillpfanne gebraten, danach in Streifen geschnitten (siehe auch Rezept Seite 18).

In der Pfanne gebraten und anschließend im Ofen gratiniert (siehe auch Rezept Seite 17).

SO WIRD´S ZART

Das Fleisch sollte vor dem Braten Zimmertemperatur haben, also mindestens 30 Minuten vor der Zubereitung aus dem Kühlschrank nehmen. Egal ob vor oder während dem Braten: auf keinen Fall mit der Gabel einstechen! Und nach dem Braten erst einmal in Alufolie wickeln und ca. 5 Minuten ruhen lassen, damit der Fleischsaft im Fleisch bleibt.

PERFEKT GEGART

Mit dem Handballen-Drucktest klappt´s!

Medium (außen schön kross, innen noch rosa und saftig) ist das Steak, wenn es sich bei Fingerdruck genauso fest anfühlt wie der Daumenballen, wenn Sie Daumen und Ringfinger der einen Hand zusammendrücken und mit dem Zeigefinger der anderen Hand daraufdrücken.

Rare (außen scharf angebraten, innen aber noch blutig) ist das Steak, wenn Sie beim Drucktest Daumen und Zeigefinger aneinanderhalten und mit dem Zeigefinger der anderen Hand daraufdrücken.

Well done (ganz durchgebraten) ist das Fleisch, wenn Sie beim Drucktest Daumen und kleinen Finger aneinanderhalten und mit dem Zeigefinger der anderen Hand daraufdrücken.

DAS LIEBLINGSREZEPT

GRATINIERTES PARMESAN-STEAK

Für 2 Portionen: 15 g Parmesan fein reiben und mit **1 TL Dijon-Senf** vermischen. **1 Knoblauchzehe** schälen, dazupressen und untermischen. Nach Belieben mit **Pfeffer** würzen.

2 Rumpsteaks (à ca. 200 g) mit **Salz** und Pfeffer würzen und in **1 EL Öl** pro Seite ca. 2 Minuten braten. Auf den mit Backpapier belegten Backofenrost legen, Parmesanmasse auf den beiden **Steaks** verteilen. Unter dem heißen Backofengrill ca. 5 Minuten grillen.

PRO PORTION
220 Kalorien | 33 g Eiweiß | 10 g Fett | 0 g Kohlenhydrate (0 %)

Pro Portion: **490** kcal | **48** g EW | **22** g F | **20** g KH (16 %)

GRÜNES GEMÜSE
MIT SESAMSOSSE UND GRILLSTEAK

Für 2 Portionen

25 Minuten

FÜR DIE HAUPTZUTAT:

½ TL Bratöl
2 Rinderhüftsteaks (à ca. 150 g)
Salz – Pfeffer

+

FÜR DIE BEILAGE:

3 EL helles Tahin (Sesampaste)
2 ½ EL Sojasoße
Saft von 1 Mandarine
2–3 EL Limettensaft
2 EL trockener Sherry
½ TL Kokosblütenzucker
1 TL Sesam
1 kleiner Brokkoli (ca. 300 g)
200 g grüne (Kenia-)Bohnen
100 g Zuckerschoten
Salz

Für die Sesamsoße die Sesampaste mit Sojasoße, Mandarinen- und Limettensaft, Sherry und Kokosblütenzucker verrühren, dann 5–6 EL Wasser unterrühren, bis eine cremige, nicht zu dünnflüssige Soße entstanden ist. Sesam in einer Pfanne ohne Fett rösten, bis er knistert, dann herausnehmen und abkühlen lassen.

Den Backofen auf 180 °C Ober-/Unterhitze vorheizen. Währenddessen den Brokkoli waschen, putzen und in kleine Röschen brechen, den Stiel schälen und in ca. 1 cm breite Stifte schneiden. Bohnen und Zuckerschoten waschen und jeweils die Enden abknipsen.

Eine Grillpfanne dünn mit Öl auspinseln und richtig heiß werden lassen. Die Steaks darin bei großer Hitze von beiden Seiten jeweils 1 Minute anbraten. Auf ein Stück Alufolie legen, (dabei die Folie ringsum 1–2 cm hochbiegen, damit kein Bratensaft herauslaufen kann), salzen, pfeffern und auf ein Blech setzen. Im heißen Ofen (Mitte) 5–6 Minuten garen. Herausnehmen, die Folie darüber als Päckchen verschließen und die Steaks darin 5 Minuten ruhen lassen.

Gleichzeitig in einem Topf ausreichend Wasser erhitzen und salzen. Sobald das Wasser kocht, Brokkoli und Bohnen hineingeben und bei mittlerer Hitze in 6–8 Minuten garen, dabei ca. 2 Minuten vor Garzeitende die Zuckerschoten zugeben – das gesamte Gemüse sollte noch Biss haben und auf keinen Fall zu weich werden. Das Gemüse vorsichtig in ein Sieb abgießen und abtropfen lassen.

Das Gemüse auf Teller verteilen und mit Sesam bestreuen. Das Steak in Streifen schneiden und neben dem Gemüse anrichten. Die Sesamsoße zu Gemüse und Steak reichen.

GRATINIERTER PARMESAN-LAUCH
FRITTIERTE ZUCCHINI-POMMES

KOHLRABI-„BRAT-
KARTOFFELN“
ZUCCHINI-NUDELN MIT
AVOCADOCREME

Pro Portion: **280** kcal | **7** g EW | **36** g F | **5** g KH (8 %)

FRITTIERTE ZUCCHINI-POMMES

Für 2 Portionen

20 Minuten

FÜR DIE BEILAGE:
2 Zucchini (ca. 500 g)
1 Eiweiß
1 TL Olivenöl
1 EL Mineralwasser mit Kohlensäure
Salz
1 TL Paprikapulver
Öl zum Frittieren

Die Zucchini waschen, putzen und erst der Länge nach in 1 cm dicke Scheiben, dann in ca. 1 cm breite und ca. 6 cm lange Stäbchen schneiden.

Das Eiweiß mit Olivenöl, Mineralwasser, etwas Salz und Paprikapulver verquirlen. Zucchinistäbchen zum Ei geben und gut vermischen, sodass alle Stäbchen mit der Marinade überzogen sind.

Öl etwa handbreit hoch in einen weiten Topf füllen und erhitzen. Es hat die richtige Temperatur, wenn an einem eingetauchten Holzkochlöffelstiel kleine Bläschen aufsteigen. Zucchinistäbchen portionsweise mit einem Sieblöffel aus der Eimasse heben, gut abtropfen lassen und ins heiße Fett geben. Ca. 5 Minuten goldbraun frittieren, dabei einmal wenden. Auf Küchenpapier abtropfen lassen. Übrige Zucchinistäbchen ebenso frittieren.

Pro Portion: **335** kcal | **8** g EW | **28** g F | **12** g KH (14 %)

ZUCCHINI-NUDELN
MIT AVOCADOCREME

Für 2 Portionen

15 Minuten

FÜR DIE BEILAGE:
2 Zucchini (ca. 500 g) – Salz
1 Knoblauchzehe
1/3 Bund Basilikum
2 Stängel Minze
20 g geröstete, gesalzene Mandeln
3 EL Limettensaft
2 EL Olivenöl
1 reife Avocado – Pfeffer
1–2 Spritzer Chilisoße (z. B. Sriracha)

Zucchini waschen, putzen und mit dem Spiralschneider in dünne Streifen hobeln, leicht salzen und Wasser ziehen lassen. Inzwischen Knoblauch schälen und grob hacken. Basilikum und Minze waschen, trocken schütteln, Blättchen abzupfen und grob zerschneiden. Kräuter, Knoblauch, Mandeln, Limettensaft, Öl und 3 EL Wasser im Blitzhacker oder der Küchenmaschine fein pürieren.

Avocado halbieren, den Kern entfernen und das Fruchtfleisch aus der Schale heben und dazugeben. Alles nochmals gut durchpürieren, dabei eventuell noch 1–2 EL Wasser zugeben. Avocadocreme mit Salz, Pfeffer und Chilisoße kräftig würzen.

Etwas Wasser in einem Topf aufkochen, die Zucchininudeln hineingeben und in 2–3 Minuten garen. In ein Sieb geben und abtropfen lassen, dann sofort mit der Avocadocreme mischen.

Pro Portion: **190** kcal | **14** g EW | **7** g F | **16** g KH (34 %)

KOHLRABI-„BRATKARTOFFELN“

Für 2 Portionen

20 Minuten

FÜR DIE BEILAGE:

3 Kohlrabi (ca. 800 g)
1 Zwiebel
1 EL Öl
50 g Schinkenspeckwürfel
Salz – Pfeffer
1 TL getrockneter Oregano

Kohlrabi schälen und in 1–2 cm große Würfel schneiden. In einen Topf geben, knapp mit Wasser bedecken, aufkochen und ca. 2 Minuten zugedeckt vordünsten. Anschließend abgießen, abtropfen lassen und mit Küchenpapier trocken tupfen.

Zwiebel schälen und fein würfeln. Öl in einer beschichteten Pfanne erhitzen. Speckwürfel darin unter Wenden knusprig braten. Aus der Pfanne nehmen. Kohlrabiwürfel im Bratfett ca. 10 Minuten goldbraun anbraten, dabei ab und zu wenden. Nach ca. 5 Minuten Zwiebel zugeben und mitbraten. Mit Salz, Pfeffer und Oregano würzen.

Pro Portion: **270** kcal | **14** g EW | **20** g F | **9** g KH (13 %)

GRATINIERTER PARMESAN-LAUCH

Für 2 Portionen

45 Minuten

FÜR DIE BEILAGE:

Butter für die Form
2 dicke Lauchstangen
125 ml Gemüsebrühe
1 EL Olivenöl
Salz – Pfeffer
50 g geriebener Parmesan
10 g Butter

Den Backofen auf 200 °C Ober-/Unterhitze vorheizen. Eine flache Auflaufform (ca. 25 x 15 cm; 1,2 l Inhalt) mit Butter einfetten.

Lauch putzen und gründlich waschen. Die Stangen erst längs, dann quer jeweils einmal halbieren, sodass acht Stücke entstehen. Die Stücke dicht an dicht mit den Schnittflächen nach oben in die Auflaufform legen.

Die Gemüsebrühe angießen und das Öl darüberträufeln. Mit Salz und Pfeffer würzen. Lauch mit Parmesan bestreuen. Die Butter in Flöckchen darauf verteilen. Im heißen Ofen (Mitte) ca. 35 Minuten backen, bis der Lauch gar und goldbraun überbacken ist.

Pro Portion: **545** kcal | **46** g EW | **31** g F | **20** g KH (14 %)

BLUMENKOHL

TANDOORI-STYLE MIT RAITA UND PFEFFERSTEAK

Für 2 Portionen

30 Minuten

FÜR DIE HAUPTZUTAT:
je ½ TL schwarzer, weißer und rosa Pfeffer
2 Knoblauchzehen
1 EL Bratöl
2 Rumpsteaks (à ca. 150 g)
Salz

+

FÜR DIE BEILAGE:
1 Blumenkohl (ca. 750 g)
3 EL Olivenöl
2 EL Tandoori-Gewürzpaste (aus dem Asienladen)
3 ½ EL Limettensaft – Salz
100 g Joghurt (3,5 % Fett)
1 große Tomate
Pfeffer
⅓ TL gemahlener Kreuzkümmel
⅓ Bund Koriandergrün

Den Backofen auf 220 °C Ober-/Unterhitze vorheizen, ein Blech mit Backpapier auslegen. Den Blumenkohl waschen und putzen, dann den ganzen Kopf längs in gut 1 cm dicke Scheiben schneiden. Olivenöl mit Tandooripaste und 3 EL Limettensaft glatt verrühren. Blumenkohlscheiben darin wenden (dazu auf einen flachen Teller geben) oder beide Seiten damit bepinseln. Wenn einzelne Blumenkohlstücke abbrechen, diese einfach mit den Blumenkohlsteaks auf das Blech legen.

Die Blumenkohlstücke salzen und im heißen Ofen (Mitte) in 20–25 Minuten garen (je nach Wunsch eher mit Biss oder weich). Währenddessen für die Raita den übrigen Limettensaft mit dem Joghurt glatt verrühren. Die Tomate waschen und längs in dünne Scheiben schneiden, diese in kleine Würfel schneiden und dabei den Saft auffangen. Tomaten samt Saft mit Joghurt mischen und mit Salz, Pfeffer und Kreuzkümmel würzen. Das Koriandergrün waschen, gut trocken schütteln, die Blättchen abzupfen und fein hacken. Mit dem Joghurt mischen.

Währenddessen für die Steaks den Pfeffer im Mörser grob zerstoßen. Knoblauch samt Schale anquetschen. Das Öl in einer beschichteten Pfanne erhitzen, darin die Steaks mit dem Knoblauch bei mittlerer Hitze beidseitig je 3 Minuten braten. Vom Herd nehmen, kurz ruhen lassen, salzen und mit Pfeffer bestreuen. Mit dem Tandoori-Blumenkohl und Raita servieren.

Pro Portion: **310** kcal | **8** g EW | **16** g F | **33** g KH (41,5 %)

GEMÜSE MEXICAN STYLE

Für 2 Portionen

25 Minuten

FÜR DIE BEILAGE:

2 rote Paprikaschoten – 2 Tomaten
1 kleine Knoblauchzehe
2 EL Olivenöl
1 TL gemahlener Kreuzkümmel
⅓ TL getrockneter Oregano
1 kleine Dose Mais (ca. 280 g Abtropfgewicht)
4 EL Sour Cream (Fertigprodukt)
2 EL gehacktes Koriandergrün
1 TL Pimentón de la Vera (geräuchertes Paprikapulver)

Paprika längs halbieren, putzen, waschen und in dünne Streifen schneiden. Tomaten waschen und klein würfeln, dabei den Saft auffangen. Knoblauch schälen und würfeln. Öl in einem Topf erhitzen, darin die Paprika bei großer Hitze 2–3 Minuten unter gelegentlichem Rühren anbraten, bis sie leicht bräunen. Knoblauch zugeben und kurz mitbraten. Tomaten samt Saft zugeben, mit einem ¾ TL Kreuzkümmel, Oregano, Salz und Pfeffer würzen. Zugedeckt 12–15 Minuten garen, dabei eventuell nach und nach 100–125 ml Wasser zugießen.

Inzwischen Mais in ein Sieb abgießen. Sour Cream mit übrigem Kreuzkümmel und Koriandergrün verrühren, salzen und pfeffern. Den Mais mit Pimentón de la Vera zum Gemüse geben und heiß werden lassen. Den Korianderdip mit dem Mexiko-Gemüse servieren.

Pro Portion: **290** kcal | **10** g EW | **18** g F | **21** g KH (26 %)

MEXICAN FRIED BLUMENKOHLREIS

Für 2 Portionen

20 Minuten

FÜR DIE BEILAGE:

1 kleiner Blumenkohl (ca. 600 g)
1 rote Spitzpaprika
3 Frühlingszwiebeln
1 Knoblauchzehe – 3 EL Olivenöl
½ TL gemahlener Kreuzkümmel
2–3 Msp. Chilipulver
2 Msp. getrockneter Oregano
1 TL Tomatenmark – Salz – Pfeffer
1 Mini-Dose Kidneybohnen (ca. 60 g Abtropfgewicht)
125 ml Hühner- oder Gemüsebrühe
Saft von 1 Limette

Blumenkohl waschen, putzen und im Blitzhacker klein hacken. Spitzpaprika halbieren, entkernen, waschen und 1 cm groß würfeln. Frühlingszwiebeln waschen, putzen, dabei den weißen und grünen Teil getrennt in Ringe schneiden. Knoblauch schälen und ebenfalls klein hacken.

Öl in einer beschichteten Pfanne erhitzen, darin weiße Zwiebelringe, Paprikawürfel und Knoblauch bei mittlerer Hitze anbraten. Hitze erhöhen, Blumenkohl zugeben und unter Rühren 1 Minute braten. Kreuzkümmel, Chilipulver, Oregano und Tomatenmark zugeben. Unter Rühren 1 Minute mitrösten, salzen und pfeffern. Kidneybohnen samt Einweichflüssigkeit, 100 ml Brühe und die Hälfte des Limettensafts zugeben. 3–4 Minuten unter Rühren bei großer Hitze braten, bis die Flüssigkeit verdunstet ist, eventuell restliche Brühe zugeben. Mit übrigem Limettensaft abschmecken und Zwiebelgrün unterheben.

MEXICAN FRIED BLUMENKOHLREIS
GEMÜSE MEXICAN-STYLE

Pro Portion: **290** kcal | **12** g EW | **18** g F | **20** g KH (28 %)

„FALSCHES“ KARTOFFELGRATIN

Für 2 Portionen

35 Minuten

FÜR DIE BEILAGE:

½ Steckrüben (ca. 600 g)
Butter für die Form
1 Knoblauchzehe
Salz – Pfeffer
150 g Sahne zum Kochen (15 % Fett)
100 ml Milch
3 Zweige Thymian
frisch geriebene Muskatnuss
30 g geriebener Gruyère

Den Backofen auf 200 °C Ober-/Unterhitze vorheizen. Die Steckrübe schälen, in 3–4 cm breite Stücke schneiden und in feine Scheiben hobeln oder schneiden.

Eine Auflaufform dünn mit Butter einfetten. Knoblauchzehe schälen, halbieren und die Form damit einreiben. Steckrübenscheiben fächerförmig in die Form schichten, dabei jede Lage mit etwas Salz und Pfeffer würzen.

Sahne und Milch aufkochen. Thymianzweige waschen, trocken schütteln, in die heiße Sahne-Mischung geben und ca. 5 Minuten köcheln lassen. Mit Salz, Pfeffer und 1 Prise Muskat würzen. Thymianzweige herausnehmen. Flüssigkeit gleichmäßig über die Kohlrabischeiben gießen und alles mit Käse bestreuen. Im heißen Ofen (Mitte) ca. 25 Minuten backen.

Pro Portion: **275** kcal | **19** g EW | **16** g F | **13** g KH (18 %)

„FALSCHE“ HERZOGINKARTOFFELN

Für 2 Portionen

45 Minuten

FÜR DIE BEILAGE:

1 Blumenkohl (ca. 1 kg)
Salz
2 Eigelb
25 g Mandelmehl
frisch geriebene Muskatnuss

Den Blumenkohl waschen, in kleine Röschen teilen und in wenig Salzwasser zugedeckt ca. 10 Minuten garen, bis er sich mit einem Messer leicht einstechen lässt. Dann abgießen und ca. 15 Minuten abkühlen lassen.

Den Backofen auf 200 °C Ober-/Unterhitze vorheizen und ein Backblech mit Backpapier auslegen. Den Blumenkohl auf ein sauberes Geschirrtuch geben und so viel Flüssigkeit wie möglich ausdrücken. Blumenkohlmasse im Tuch in eine Schüssel geben. Eigelbe, Mandelmehl, Salz und 1 Prise Muskat zugeben und zu einer glatten Masse verkneten.

Die Masse in einen Spritzbeutel mit großer Sterntülle (ca. 14 mm Durchmesser) füllen und ca. 28 Tuffs (etwa walnussgroß) auf das Blech spritzen. Im heißen Ofen (Mitte) ca. 18 Minuten goldbraun backen.

„FALSCHES“ KARTOFFELGRATIN
„FALSCHE“ HERZOGINKARTOFFELN

Pro Portion: **280** kcal | **26** g EW | **17** g F | **6** g KH (9 %)

GEFÜLLTE PORTOBELLO-PILZE

Für 2 Portionen

25 Minuten

FÜR DIE BEILAGE:

1 Stange Lauch
1 Knoblauchzehe
4 Portobello-Pilze (ersatzweise 8–10 sehr große Champignons)
3 EL Olivenöl – Salz – Pfeffer
40 g gewürfelter magerer (Schinken-)Speck
½ TL Instant-Brühepulver
1 EL Crème légère
80 g geriebener Emmentaler
1 ½ EL gehackte Petersilie
frisch geriebene Muskatnuss

Den Backofen auf 220 °C Ober-/Unterhitze erhitzen. Den Lauch putzen, längs halbieren, waschen und trocken schütteln. Die Hälften längs in dünne Streifen schneiden, dann quer in kleine Stückchen. Knoblauch schälen und fein hacken. Pilze sauber reiben, Stiele herausschneiden und fein würfeln.

In einer großen beschichteten Pfanne die Hälfte Öl erhitzen, darin die Pilzkappen beidseitig in 2–3 Minuten anbraten. Herausnehmen, mit der gewölbten Seite nach unten in eine ofenfeste Form legen, leicht salzen und pfeffern. Übriges Öl in die Pfanne geben, darin Speck und Knoblauch kurz anbraten. Lauch- und Pilzwürfel zugeben und bei mittlerer Hitze unter Rühren braten, bis der Lauch leicht bräunt. Brühepulver und 2 EL Wasser zugeben, salzen, pfeffern und gut durchrühren. Sobald die Flüssigkeit verkocht ist, vom Herd nehmen.

Crème légère, zwei Drittel vom Käse und Petersilie unter den Lauch rühren, kräftig mit Salz, Pfeffer und 1–2 Prisen Muskatnuss würzen. Die Masse auf den Pilzen verteilen, leicht festdrücken und mit restlichem Käse bestreuen. Im Ofen (Mitte) in ca. 15 Minuten hellbraun überbacken.

Pro Portion: **390** kcal | **10** g EW | **35** g F | **10** g KH (10 %)

AUBERGINEN-TOMATEN-GRATIN

Für 2 Portionen

40 Minuten

FÜR DIE BEILAGE:

2 kleine Auberginen
4 Eiertomaten
5 Zweige Thymian
1 Knoblauchzehe
Salz – Pfeffer
5 EL Olivenöl
20 g geriebener Parmesan
20 g gemahlene Mandeln

Den Backofen auf 200 °C Ober-/Unterhitze (Umluft 180 °C) vorheizen. Auberginen waschen, putzen und in ca. 5 mm dicke Scheiben schneiden. Tomaten waschen, quer in knapp 1 cm dicke Scheiben schneiden, dabei den Stielansatz entfernen. Thymian waschen, trocken schütteln, Blättchen abzupfen und fein hacken. Knoblauch schälen und fein hacken.

Auberginen- und Tomatenscheiben abwechselnd in eine kleine, ofenfeste Form schichten. Sie sollten möglichst dicht an dicht stehen, dabei zwischen die Gemüse immer etwas Knoblauch und die Hälfte des Thymians geben. Alles gut salzen und pfeffern und mit 4 EL Öl beträufeln.

Gemüse im heißen Ofen (Mitte) ca. 35 Minuten garen. Dabei immer mal wieder mit dem austretenden Saft begießen. Übrigen Thymian mit Parmesan und Mandeln mischen. Backofengrill zuschalten. Übriges Öl und die Parmesanmischung auf dem Gemüse verteilen und das Gratin nochmals 5–8 Minuten übergrillen.

GEFÜLLTE PORTOBELLO-PILZE
AUBERGINEN-TOMATEN-GRATIN

SCHNITZEL

VOM SCHWEIN | MITTELFETT | CA. 150 G PRO PERSON

Meistens vom Schwein, besonders zart vom Kalb und schön mager von der Pute, aber immer dünn geschnitten und ohne Knochen.

BESTE GARMETHODEN

Nur mit Salz und Pfeffer gewürzt „naturell" gebraten.

Mit knuspriger Panade umhüllt und gebacken (siehe auch Rezept Seite 36).

Gefüllt und zusammengeklappt oder gerollt vor dem Braten (siehe Rezept auf der rechten Seite).

In Streifen geschnitten als Geschnetzeltes zubereitet (siehe auch Rezept Seite 44).

WICHTIG

Für zarte Schnitzel das Fleisch vor der Zubereitung flacher klopfen. Besser nicht mit dem Fleischklopfer, sondern lieber zwischen zwei Lagen Frischhaltefolie legen und mit einem schweren Topf oder Plattiereisen plätten.

LOW-CARB-PANADE

Toller Ersatz für Semmelbrösel: Nüsse oder Mandeln (als Blättchen oder gehackt), Kerne und Samen, wie z.B. Sesam, geriebener Parmesan oder fein zerbröselte Schweinekrusten. Statt Mehl die Schnitzel erst in Mandel-, Soja- oder Kichererbsenmehl wenden, dann durch Ei ziehen und schließlich mit der Panade nach Wahl gleichmäßig umhüllen.

DAS LIEBLINGSREZEPT

WÜRZIGE SCHNITZELRÖLLCHEN

Für 2 Personen: 4 kleine dünne Schweineschnitzel (à ca. 75 g) etwas flacher klopfen und erst mit **Salz** und **Pfeffer** würzen, dann mit je **½ TL Ajvar** bestreichen. **75 g geriebenen Bergkäse** mit **2 EL gehackter Petersilie** mischen und die Schnitzel damit belegen. Die Seiten etwas zur Füllung hin einschlagen und die Schnitzel von der Füllung aus aufrollen. Mit Holzspießen fixieren. **1 EL Öl** in einer beschichteten Pfanne erhitzen und die Schnitzelröllchen rundherum 8–10 Minuten darin braten.

PRO PORTION

200 Kalorien | 32 g Eiweiß | 8 g Fett | 0 g Kohlenhydrate (0 %)

Pro Portion: **330** kcal | **11** g EW | **23** g F | **20** g KH (24 %)

GRÜNER BOHNENSALAT
MIT HARISSA-DRESSING

Für 2 Portionen

20 Minuten

FÜR DIE BEILAGE:

500 g grüne Bohnen
Salz – 1 Möhre
½ Bund Petersilie
½ Bio-Zitrone
2 EL helles Tahin (Sesampaste)
3 EL Olivenöl
1 gehäufter EL Harissa (nordafrikanische Würzpaste)
½ TL Honig
Salz – Pfeffer

Die Bohnen waschen, putzen und je nach Größe halbieren oder dritteln. In Salzwasser aufkochen und ca. 12 Minuten garen. Inzwischen die Möhre putzen, schälen, längs halbieren und in feine Scheiben schneiden oder hobeln. Petersilie waschen, trocken schütteln, die Blätter von den Stielen zupfen und fein hacken.

Für das Dressing die Zitrone heiß waschen, abtrocknen und ½ TL Schale fein abreiben. Den Saft auspressen. Das Tahin mit Öl, 2 EL Zitronensaft, Harissa, Honig und 2 EL Wasser in einen hohen Rührbecher oder Mixer geben und glatt pürieren. Zitronenschale unterrühren und das Dressing mit Salz und Pfeffer abschmecken.

Die Bohnen abgießen, abtropfen lassen und noch warm mit dem Dressing vermischen. Die Möhre und die Petersilie zugeben und unterheben. Nach Belieben lauwarm oder kalt servieren.

Pro Portion: **395** kcal | **13** g EW | **22** g F | **32** g KH (32 %)

ROSENKOHLSALAT
MIT ZITRUS-DRESSING

Für 2 Portionen

20 Minuten

FÜR DIE BEILAGE:

350 g Rosenkohl
1 rote Zwiebel
2 Orangen
1 rosa Grapefruit – Salz
25 g Rauchmandeln (Fertigprodukt)
3 EL Weißweinessig
1 TL Dijon-Senf
3 EL Olivenöl – Pfeffer

Rosenkohl waschen, äußere welke Blätter entfernen und die einzelnen Röschen quer in feine Streifen schneiden (von oben beginnend bis zum Stielansatz, diesen wegwerfen). Zwiebel schälen, längs halbieren und in feine Streifen schneiden.

Die Schale von den Orangen und der Grapefruit mit einem scharfen Messer samt weißer Haut wegschneiden, dabei den Saft auffangen. Fruchtfilets zwischen den Trennhäuten herausschneiden, dabei ebenfalls den Saft auffangen. Rosenkohl mit 2 EL Grapefruitsaft und 1 guten Prise Salz mit den Händen durchkneten, bis er weich wird, dann restlichen Orangen- und Grapefruitsaft untermischen und den Salat 10 Minuten ziehen lassen.

Inzwischen die Mandeln grob hacken. Essig, Senf und Öl gründlich verrühren und mit dem Salat mischen, alles mit Salz und Pfeffer würzen.

GRÜNER BOHNENSALAT
ROSENKOHLSALAT

Pro Portion: **560** kcal | **45** g EW | **37** g F | **13** g KH (9 %)

„KARTOFFEL"-SALAT

MIT MANDEL-SCHNITZEL

Für 2 Portionen

30 Minuten

FÜR DIE HAUPTZUTAT:

2 dünne Schweineschnitzel (à ca. 150 g)
Salz – Pfeffer
1 kleines Ei
ca. 50 g Mandelblättchen
1–2 EL Öl

+

FÜR DIE BEILAGE:

½ Knollensellerie (ca. 500 g)
Salz
1 Bund Petersilie
1 EL Sahne-Meerrettich (Glas)
1 TL Dijon-Senf
2 EL Olivenöl
25 g Crème légère
50 g Vollmilch-Joghurt
Pfeffer
1–2 EL Zitronensaft
2 EL Kapern

Für den Salat den Knollensellerie schälen, waschen und in ca. 1 cm große Würfel schneiden. In kochendem Salzwasser in 8–10 Minuten bissfest garen.

Inzwischen für das Dressing die Petersilie waschen, trocken schütteln und die Blättchen von den Stielen zupfen. Mit Meerrettich, Senf, Öl, Crème légère und Joghurt pürieren. Alles mit Salz, Pfeffer und Zitronensaft abschmecken. Anschließend Sellerie und Kapern unter das Dressing mischen. Den Salat so lange ziehen lassen, bis die Schnitzel fertig sind.

Die Schnitzel waschen, trocken tupfen und flacher klopfen. Mit Salz und Pfeffer würzen. Das Ei verquirlen, die Mandelblättchen auf einen flachen Teller geben. Schnitzel erst in Ei, dann in Mandeln wenden, etwas andrücken. 1 EL Öl in einer beschichteten Pfannen erhitzen. Die Schnitzel darin bei mittlerer Hitze pro Seite ca. 5 Minuten braten. Mit dem „Kartoffel"-Salat servieren.

TIPP

Die Schnitzel können statt in Mandelblättchen auch in Kernen oder Samen, wie Sesam, Kürbis- oder Sonnenblumenkernen, gewendet werden – ganz nach eigenem Geschmack. Egal für was Sie sich entscheiden: Nicht zu heiß braten, da die Panade sonst schnell zu dunkel wird.

Pro Portion: **190** kcal | **12** g EW | **12** g F | **8** g KH (17 %)

GRIECHISCHER SALAT
MIT FETA-DRESSING

Für 2 Portionen

15 Minuten

FÜR DIE BEILAGE:

1 kleine Salatgurke – 2 Tomaten
100 g Babyspinat – 1 rote Zwiebel
4 schwarze Oliven (ohne Stein)
70 g Schafskäse – 150 g Joghurt
1 TL Weißweinessig
Salz – Pfeffer
⅓ TL getrockneter Oregano
2–3 Msp. Chiliflocken

Die Gurke waschen, längs jeweils die Schale in Streifen mit dem Sparschäler abziehen, dazwischen immer einen Streifen Schale stehen lassen. Gurke längs vierteln und in dicke Stücke schneiden. Tomaten waschen und in schmale Spalten schneiden, dabei den Stielansatz entfernen. Spinat waschen und trocken schleudern. Zwiebel schälen und in dünne Ringe schneiden, Oliven ebenfalls in Ringe schneiden. Alles mischen und auf zwei Teller verteilen.

Den Schafskäse mit einer Gabel sehr fein zerbröckeln und mit Joghurt und Essig glatt verrühren. Mit Salz, Pfeffer, Oregano und Chiliflocken pikant würzen. Das Feta-Dressing über den Salat geben.

Pro Portion: **380** kcal | **13** g EW | **31** g F | **13** g KH (13 %)

CHICORÉE-TRAUBEN-SALAT
MIT GORGONZOLA-DRESSING

Für 2 Portionen

15 Minuten

FÜR DIE BEILAGE:

3 Stauden Chicorée (ca. 500 g)
100 g Feldsalat
50 g blaue Weintrauben
25 g Walnusskerne
75 g Gorgonzola
1 kleine Knoblauchzehe
75 g saure Sahne (10 % Fett)
2 EL Olivenöl – 3 EL Milch
1 EL Weißweinessig
Salz – Pfeffer

Den Chicorée putzen, waschen und in die einzelnen Blätter teilen. Den Feldsalat putzen, waschen und trocken schleudern. Die Trauben waschen, von den Rispen zupfen und halbieren. Die Nüsse in einer Pfanne ohne Fett rösten, bis sie duften, herausnehmen und grob hacken. Chicoréeblätter kreisförmig auf einer Platte verteilen, Feldsalat in die Mitte geben und mit Traubenhälften bestreuen.

Für das Dressing den Gorgonzola in Stücken in einen hohen Rührbecher geben. Den Knoblauch schälen, halbieren und ebenfalls zugeben. Die saure Sahne, das Öl, die Milch und den Essig zugeben. Alles mit dem Pürierstab cremig pürieren. Das Dressing mit Salz und Pfeffer abschmecken. Einen Teil der Dressings über den Salat träufeln. Mit den gerösteten und gehackten Walnüssen bestreuen. Übriges Dressing extra dazu servieren.

GRIECHISCHER SALAT
CHICORÉE-TRAUBEN-SALAT

APFEL-SAUERKRAUT
CHICORÉE IN SENFSAHNE

SELLERIERÖSTI
MIT QUARK

Pro Portion: **260** kcal | **10** g EW | **20** g F | **11** g KH (17 %)

CHICORÉE IN SENFSAHNE

Für 2 Portionen

20 Minuten

FÜR DIE BEILAGE:

3 dicke Stauden Chicorée
1 Zwiebel
2 Zweige Thymian
2 EL Olivenöl
40 g gewürfelter magerer (Schinken-)Speck
Salz – Pfeffer
1 TL Dijon-Senf
1 TL körniger Senf
200 ml Gemüsebrühe
80 g Sahne zum Kochen (15 % Fett)

Den Chicorée waschen, längs halbieren und die Strünke jeweils so keilförmig herausschneiden, dass die Blätter noch zusammenhalten. Die Zwiebel schälen und in dünne Streifen schneiden. Die Thymianzweige waschen, trocken schütteln, die Blättchen abzupfen und fein hacken.

Das Öl in einer beschichteten Pfanne erhitzen, den Speck darin goldbraun braten, herausnehmen, dabei gut abtropfen lassen. Den Chicorée im Bratfett beidseitig leicht braun anbraten, salzen und pfeffern. Chicorée hinausnehmen. Die Zwiebel im Bratfett goldgelb anbraten, beide Senfsorten und Thymian unterrühren und alles mit Brühe und Sahne ablöschen.

Die Soße bei großer Hitze offen 3–4 Minuten einkochen lassen. Den Chicorée hineinlegen und weitere 10–15 Minuten zugedeckt bei mittlerer Hitze garen lassen.

TIPP:

Für eine vegetarische Variante den Speck weg lassen und stattdessen 50 g geröstete, grob gehackte Haselnuss- oder Walnusskerne über den fertigen Chicorée streuen.

Pro Portion: **200** kcal | **4** g EW | **10** g F | **20** g KH (40 %)

APFEL-SAUERKRAUT

Für 2 Portionen

25 Minuten

FÜR DIE BEILAGE:

1 rotschaliger Apfel
1 kleine Zwiebel
400 g frisches Sauerkraut (Reformhaus)
1 EL Öl
½ TL Paprikapulver edelsüß
100 ml Apfelsaft
25 g Crème fraîche
1 Msp. gemahlener Kümmel
Salz – Pfeffer

Den Apfel waschen, halbieren, entkernen und in schmale Scheiben schneiden. Die Zwiebel schälen und fein würfeln. Das Sauerkraut gut abtropfen lassen.

Das Öl in einem Topf erhitzen. Die Zwiebel und den Apfel darin kurz anschwitzen. Das Sauerkraut zugeben, mit Paprikapulver bestäuben, den Apfelsaft angießen und alles zugedeckt ca. 15 Minuten schmoren.

Die Crème fraîche unter das Apfel-Sauerkraut rühren und alles mit Kümmel, Salz und Pfeffer abschmecken.

Pro Portion: **365** kcal | **30** g EW | **18** g F | **20** g KH (22 %)

SELLERIERÖSTI MIT QUARK

Für 2 Portionen

30 Minuten

FÜR DIE BEILAGE:

½ Knollensellerie (ca. 500 g)
2 Eier (Größe M)
2 EL Mehl
Salz – Pfeffer – 2 EL Öl
1 Bund gemischte Kräuter (z. B. Petersilie, Schnittlauch, Kerbel und Dill)
250 g Magerquark
2 EL Mineralwasser mit Kohlensäure
1 TL Dijon-Senf

Für die Rösti den Sellerie schälen, waschen und grob raspeln. Eier, Mehl, 1 TL Salz und Pfeffer zugeben und alles mit den Händen gut verkneten.

Das Öl portionsweise in einer großen beschichteten Pfanne erhitzen. Pro Rösti 1 gehäuften EL der Röstimasse in die Pfanne geben, etwas flach drücken und bei mittlerer Hitze pro Seite 4–5 Minuten goldbraun braten. Auf Küchenpapier abtropfen lassen. Auf diese Weise 8–10 Rösti backen.

Währenddessen für den Kräuterquark die Kräuter waschen, trocken schütteln, von den Stielen zupfen und fein hacken bzw. den Schnittlauch in feine Röllchen schneiden. Quark mit Mineralwasser und Senf glatt rühren. Die Kräuter unterrühren, Quark mit Salz und Pfeffer abschmecken. Rösti mit dem Quark servieren.

Pro Portion: **530** kcal | **32** g EW | **28** g F | **38** g KH (29 %)

PILZ-PAPRIKA-PFANNE
MIT GESCHNETZELTEM

Für 2 Portionen

30 Minuten

FÜR DIE HAUPTZUTAT:

250 g Kalbs- oder Schweineschnitzel
1 EL Bratöl
1 TL Butter
Salz – Pfeffer

+

FÜR DIE BEILAGE:

1 Zwiebel
1 Knoblauchzehe
2 rote Paprikaschoten
1 kleine Möhre
80 g Lauch
250 g Champignons
1 EL Bratöl
Salz – Pfeffer
1 TL Tomatenmark
½ Dose stückige Tomaten (200 g)
1 TL Paprikapulver edelsüß
3 Msp. Chilipulver
1 EL Crème légère
1 EL gehackte Petersilie (nach Belieben)

Für die Gemüsepfanne die Zwiebel und den Knoblauch schälen und fein würfeln. Paprika halbieren, entkernen, waschen und die Hälften in ca. 1,5 cm große Würfel schneiden. Die Möhre schälen und auf der Küchenreibe grob raspeln. Den Lauch längs halbieren, waschen, die Hälften erst in feine Streifen und diese dann in kleine Stücke schneiden. Die Champignons sauber reiben und vierteln.

Für das Geschnetzelte das Fleisch in schmale Streifen schneiden. Öl und Butter in einer Pfanne erhitzen, darin das Fleisch bei mittlerer bis großer Hitze hellbraun anbraten. Salzen, pfeffern, durchrühren und aus der Pfanne nehmen.

Bratöl zum Bratensatz geben, darin Zwiebel und Knoblauch bei mittlerer Hitze anschwitzen. Lauch und Möhre zugeben, salzen, pfeffern und 2–3 Minuten mitbraten, dabei gelegentlich umrühren. Temperatur erhöhen, Pilze und Paprika hinzufügen und unter Rühren 1–2 Minuten anbraten. Tomatenmark unterrühren, kurz mitrösten, dann die Tomaten zugeben und gut untermischen. Nochmals mit Salz und Pfeffer sowie Paprika- und Chilipulver pikant würzen. Zugedeckt 15 Minuten bei mittlerer Hitze garen, dann 3–5 Minuten offen einkochen lassen.

Das Fleisch samt Bratensaft unter das Gemüse rühren und heiß werden lassen. Zuletzt die Crème légère unterrühren und eventuell nochmal mit Paprika- und Chilipulver abschmecken. Nach Wunsch mit Petersilie bestreut servieren.

Pro Portion: **330** kcal | **17** g EW | **20** g F | **20** g KH (24 %)

KÄSE-TOPINAMBUR

Für 2 Portionen

40 Minuten

FÜR DIE BEILAGE:

500 g Topinambur
2 Möhren
1 Zwiebel
1 EL Öl
200 ml Gemüsebrühe
50 g Bergkäse
½ Bund Petersilie
50 g Sahne zum Kochen (15 % Fett)
Salz – Pfeffer

Topinamburknollen unter fließend kaltem Wasser mit einer Gemüsebürste gründlich abbürsten und gut abtropfen lassen. Die Knollen in schmale Scheiben schneiden. Möhren putzen, schälen, längs halbieren und in kleine Würfel schneiden. Zwiebel schälen und fein würfeln.

Öl in einer großen Pfanne erhitzen. Zwiebelwürfel darin anschwitzen. Topinamburscheiben und Möhrenwürfel zugeben und unter Wenden ca. 5 Minuten braten. Die Gemüsebrühe angießen, aufkochen und zugedeckt bei mittlerer Hitze ca. 10 Minuten köcheln lassen.

Inzwischen den Backofen auf 180 °C Ober-/Unterhitze vorheizen. Käse grob raspeln. Petersilie waschen, trocken schütteln, die Blätter von den Stielen zupfen und fein hacken. Die Sahne unter die Gemüsepfanne rühren, mit Salz und Pfeffer abschmecken. Petersilie unterrühren. Alles in eine Gratinform füllen, mit dem Käse bestreuen und im heißen Ofen (Mitte) 12–15 Minuten überbacken.

Pro Portion: **350** kcal | **19** g EW | **21** g F | **20** g KH (23 %)

MÖHREN-NUDELN

MIT GORGONZOLASOSSE

Für 2 Portionen

15 Minuten

FÜR DIE BEILAGE:

400 g Champignons
600 g Möhren
1 EL Öl
Salz – Pfeffer
200 ml Milch
75 g Gorgonzola
1 EL gehackte Petersilie

Champignons säubern, putzen und je nach Größe halbieren oder vierteln. Möhren putzen, schälen und mit einem Spiralschneider zu „Spaghetti“ oder mit einem Sparschäler der Länge nach in hauchdünne „Tagliatelle“ schneiden.

Öl in einer großen beschichteten Pfanne erhitzen und die Pilze darin unter Wenden ca. 5 Minuten kräftig anbraten. Mit Salz und Pfeffer würzen. Für die Soße die Milch erhitzen, aber nicht kochen. Gorgonzola hineinbröseln und unter Rühren in der Milch schmelzen. Die Gorgonzolasoße 3–4 Minuten köcheln lassen, dabei gelegentlich umrühren. Mit Salz und Pfeffer abschmecken.

Die Möhren-Nudeln in kochendem Salzwasser ca. 2 Minuten garen, abgießen, gut abtropfen lassen und mit der Soße mischen. Auf zwei Tellern anrichten und die Pilze darauf verteilen. Mit Petersilie bestreuen.

MÖHREN-NUDELN
KÄSE-TOPINAMBUR

HÄHNCHENKEULE

CA. 200 G PRO PERSON (CA. 125 G ESSBARER ANTEIL)

Die Haut hat's in sich: kross und knusprig, aber ordentlich fett – eine kleine Sünde, die sich "Low Carbler" ab und an getrost erlauben sollten. Alternativ dazu: gebratenes Hähnchenbrustfilet (siehe unten).

BESTE ZUBEREITUNGS-METHODE

Ganz klar für krosse Haut: Grillen im Ofen (siehe Rezept rechte Seite) oder im Sommer auf dem Grill.

SCHNELL GEMOGELT

Bereits gebratene oder gegrillte Hähnchenkeulen werden häufig beim Metzger oder an der Wurst/Fleischtheke des Supermarkts angeboten – die superfixe Variante für alle, die Zeit sparen und nicht selber den Backofen oder Grill anwerfen wollen.

EINFACH UND SCHLANKER

1 Hähnchenbrustfilet (150 g) salzen, pfeffern und in wenig Öl in einer beschichteten Pfanne bei großer Hitze rundum knusprig braten (pro Seite ca. 1 Minute), danach in eine möglichst passende Auflaufform legen und im heißen Ofen (Mitte) bei 180 °C Ober-/Unterhitze in 12–15 Minuten fertig garen.

DAS LIEBLINGSREZEPT

GEBRATENE HÄHNCHENKEULE

Hier arbeitet der Backofen.

Für 2 Keulen: 2 EL gehackte Petersilie mit **1 TL Butter** mischen. Die Haut an den **Hähnchenschenkeln** vorsichtig an einer Stelle lösen und die Petersilienbutter mit dem Finger zwischen Haut und Fleisch verteilen. **1 TL Butter** schmelzen und mit **¼ edelsüßem Paprikapulver** mischen. Die Keulen damit bestreichen, **salzen** und **pfeffern**. Auf einen Backrost legen und in den 180 °C (Ober-/Unterhitze) heißen Ofen schieben (Mitte, darunter ein Blech mit Wasser einschieben). 45–50 Minuten garen, nach etwa der Hälfte der Zeit noch einmal mit Paprikabutter bepinseln.

PRO PORTION

220 Kalorien | 23 g Eiweiß | 14 g Fett | 0 g Kohlenhydrate (0%)

Pro Portion: **235** kcal | **8** g EW | **19** g F | **9** g KH (15 %)

ZITRONIGER FENCHELSALAT

Für 2 Portionen

20 Minuten

FÜR DIE BEILAGE:

1 Bio-Zitrone
2 mittelgroße Fenchelknollen (ca. 500 g)
2 TL Mandelstifte
3 Stiele Basilikum
100 g Rucola
Salz – Pfeffer
3 EL Olivenöl

Die Zitrone heiß waschen, trocken reiben und ca. 1 TL Schale mit einem Zestenreißer abziehen. Die Zitrone so schälen, dass auch die weiße Haut vollständig entfernt wird. Die Filets zwischen den Trennhäuten herausschneiden, austretenden Saft dabei auffangen. Die Zitronenfilets halbieren.

Den Fenchel waschen, putzen und in sehr dünne Scheiben hobeln oder schneiden. Die Mandeln in einer beschichteten Pfanne ohne Fett goldbraun rösten, herausnehmen. Das Basilikum waschen, trocken schütteln und die Blättchen von den Stielen zupfen. Den Rucola waschen und trocken schütteln. Fenchel, Basilikum und Rucola auf einer Platte anrichten und die Zitronenfilets darauf verteilen.

Für das Dressing 1 EL vom aufgefangenen Zitronensaft mit Salz und Pfeffer verrühren. Das Öl im dünnen Strahl zugießen und unterschlagen. Das Dressing über den Fenchelsalat träufeln.

Pro Portion: **295** kcal | **5** g EW | **23** g F | **17** g KH (23 %)

MÖHREN-ROTE-BETE-SALAT
MIT ORANGEN-DRESSING

Für 2 Portionen

20 Minuten

FÜR DIE BEILAGE:

4 Möhren (z. B. gelbe, violette und orangefarbene)
2 Rote Bete
1 Bio-Orange
2 EL Weißweinessig
Salz – Pfeffer
3 EL Olivenöl
¼ TL Schwarzkümmelsamen
25 g Walnusskerne

Die Möhren und die Rote Bete putzen und schälen (dabei am besten Einweghandschuhe tragen). Die Möhren mit einem Sparschäler der Länge nach in feine Streifen schneiden. Die Rote Bete auf einer Küchenreibe in feine Scheiben hobeln. Möhrenstreifen und Rote-Bete-Scheiben auf einer Platte verteilen.

Die Orange heiß waschen und ca. 1 TL Schale fein abreiben. Dann die Orange halbieren und den Saft auspressen. Orangensaft und -schale in einem kleinen Topf aufkochen und köcheln lassen, bis nur noch ca. 2 EL übrig sind. Den dickflüssigen Orangensaft mit Essig, Salz und Pfeffer verrühren. Das Öl im dünnen Strahl dazugießen und unterschlagen.

Die Schwarzkümmelsamen in einer Pfanne ohne Fett 2–3 Minuten anrösten und unter das Dressing rühren. Mit Salz und Pfeffer abschmecken und über das Gemüse träufeln. Die Walnusskerne in einer Pfanne ohne Fett rösten, bis sie duften. Grob hacken und über den Salat streuen.

ZITRONIGER
FENCHELSALAT
MÖHREN-ROTE-BETE-SALAT

Pro Portion: **235** kcal | **5** g EW | **11** g Fett | **28** g KH (47 %)

KÜRBIS-APFEL-PÜREE

Für 2 Portionen

25 Minuten

FÜR DIE BEILAGE:

1 kleine Zwiebel
1 kleiner Butternusskürbis (ca. 800 g)
1 Apfel
1 Orange
2 EL Olivenöl
Salz
2 Stiele Salbei
Pfeffer
1–2 TL Zitronensaft

Die Zwiebel schälen und würfeln. Den Kürbis halbieren und die Kerne herauskratzen. Das Fruchtfleisch schälen und grob würfeln. Den Apfel schälen, vierteln, entkernen und in Stücke schneiden. Die Orange auspressen und den Saft mit Wasser auf insgesamt 125 ml auffüllen.

1 EL Öl in einem Topf erhitzen. Die Zwiebel darin anschwitzen. Den Kürbis und den Apfel zugeben und alles unter Wenden ca. 5 Minuten anbraten. Die Orangensaft-Wasser-Mischung angießen, mit Salz würzen, alles kurz aufkochen und zugedeckt 12–15 Minuten dünsten, bis der Kürbis weich ist. Dabei immer wieder umrühren. Bei Bedarf noch etwas Wasser zugießen.

Inzwischen den Salbei waschen, trocken schütteln und die Blätter von den Stielen zupfen. Übriges Öl in einer Pfanne erhitzen und die Salbeiblätter darin knusprig braten. Auf Küchenpapier abtropfen lassen.

Den Topf vom Herd nehmen, alles zu Püree pürieren. Kürbis-Apfel-Püree mit Salz, Pfeffer und Zitronensaft abschmecken. Knusprige Salbeiblätter daraufgeben.

Pro Portion: **215** kcal | **6** g EW | **15** g F | **12** g KH (23 %)

WEISSES BOHNENPÜREE

MIT DILL-ÖL

Für 2 Portionen

15 Minuten

FÜR DIE BEILAGE:

1 Dose weiße Bohnen (225 g Abtropfgewicht)
1 Knoblauchzehe
3 EL Olivenöl
Salz
ca. 1 EL Zitronensaft
½ TL Fenchelsamen
½ Bund Dill

Die Bohnen abgießen, kalt abspülen und gut abtropfen lassen. Den Knoblauch schälen und würfeln. 1 EL Öl in einem kleinen Topf erhitzen. Knoblauch darin kurz anschwitzen. Bohnen und 2 EL Wasser zugeben und ca. 2 Minuten erhitzen. Alles in einen hohen Rührbecher geben und fein pürieren. Dabei eventuell noch etwas Wasser untermixen, sodass ein geschmeidiges Püree entsteht. Das Püree mit Salz und Zitronensaft abschmecken.

Für das Dill-Öl die Fenchelsamen in einem Mörser leicht anstoßen. 2 EL Öl in einem kleinen Topf erhitzen, die Fenchelsamen darin 2–3 Minuten anrösten, bis sie duften. Vom Herd nehmen. Den Dill waschen, trocken schütteln, die Spitzen von den Stielen zupfen und fein hacken. Den Dill unter das Öl rühren, mit etwas Salz abschmecken. Das Püree anrichten und mit dem Dill-Öl beträufeln.

KÜRBIS-APFEL-PÜREE
WEISSES BOHNENPÜREE

Pro Portion: **340** kcal | **8** g EW | **24** g F | **22** g KH (26 %)

ORANGEN-ROTKRAUT
AUS DEM OFEN

Für 2 Portionen

20 Minuten

FÜR DIE BEILAGE:
1 Rotkohl (ca. 900 g)
2 Bio-Orangen
3 EL Olivenöl
⅓ TL getrockneter Thymian
2–3 Msp. Chiliflocken
Salz – Pfeffer
25 g Pekannusskerne

Den Backofen auf 220 °C Ober-/Unterhitze vorheizen. Den Rotkohl waschen, putzen, längs halbieren und die Hälften in 6 etwa gleich dicke Spalten schneiden. Die Orangen heiß waschen, 1 Orange quer in 1 cm dicke Scheiben schneiden, diese halbieren. Die zweite Orange halbieren, den Saft auspressen und 4 EL davon mit 2 EL Olivenöl, Thymian und Chiliflocken verrühren. Mit Salz und Pfeffer würzen.

Die Rotkohlspalten und Orangenscheiben mit dem Würzöl mischen und in eine ofenfeste Form legen, nochmals leicht salzen und pfeffern. Im heißen Ofen (Mitte) ca. 15 Minuten garen. Dann wenden, restlichen Orangensaft darübergießen, mit restlichem Öl beträufeln und weitere 10–15 Minuten garen.

Inzwischen die Pekannusskerne grob hacken. Orangen-Rotkraut aus dem Ofen nehmen und mit Pekannüssen bestreuen.

Pro Portion: **190** kcal | **9** g EW | **9** g F | **17** g KH (35 %)

ORANGEN-FENCHEL-GEMÜSE
MIT OLIVEN AUS DER PFANNE

Für 2 Portionen

25 Minuten

FÜR DIE BEILAGE:
1 rote Zwiebel
3 mittelgroße Fenchelknollen
1 Bio-Orange
1 EL Olivenöl
0,1 g Safranfäden
Salz – Pfeffer
40 g grüne Oliven (ohne Stein)

Die Zwiebel schälen und in schmale Spalten schneiden. Den Fenchel waschen, putzen, halbieren und in schmale Streifen schneiden oder hobeln. Die Orange so schälen, dass die weiße Haut vollständig entfernt wird. Die Filets zwischen den Trennhäuten herausschneiden, die Trennhäute gut ausdrücken und den austretenden Saft dabei auffangen.

Das Öl in einer Pfanne erhitzen. Die Zwiebel und den Fenchel darin unter Wenden 2–3 Minuten anschwitzen. Den Orangensaft angießen, Safran zugeben und mit Salz und Pfeffer würzen. 2–3 Minuten köcheln lassen, dann die Oliven untermischen und zugedeckt bei mittlerer Hitze ca. 15 Minuten schmoren lassen. Dabei ab und zu umrühren und bei Bedarf etwas Wasser angießen. Nochmals mit Salz und Pfeffer abschmecken.

ORANGEN-ROTKRAUT
ORANGEN-FENCHEL-GEMÜSE

SELLERIE-FRITTEN

OFENROSENKOHL
OFENBROKKOLI

Pro Portion: **240** kcal | **6** g EW | **14** g F | **21** g KH (35 %)

SELLERIE-FRITTEN
MIT LOW-CARB-KETCHUP

Für 2 Portionen

65 Minuten

FÜR DIE BEILAGE:
600 g Knollensellerie
3 Zweige Thymian
1 EL Olivenöl
1 TL Zitronensaft
Salz – Pfeffer
15 g Butter
grobes Salz zum Bestreuen

Für das Low-Carb-Ketchup
1 kleine Zwiebel
½ Apfel
1 TL Öl
2 TL Kokosblütenzucker
½ Dose stückige Tomaten (200 g)
1 EL Apfelessig
¼ TL Ingwerpulver
Salz – Pfeffer

Für die Sellerie-Fritten den Backofen auf 220 °C Ober-/Unterhitze vorheizen und ein Backblech mit Backpapier auslegen. Den Knollensellerie schälen, waschen und in ca. 1 cm dicke Scheiben schneiden. Die Scheiben in ca. 1 cm breite und 7–8 cm lange Stäbchen schneiden.

Die Stäbchen dicht an dicht auf dem Backblech verteilen. Den Thymian waschen, trocken schütteln und die Blättchen von den Stielen streifen. Thymian mit Öl, Zitronensaft, Salz und Pfeffer mischen und über die Sellerie-Fritten träufeln. Die Butter in Flöckchen darauf verteilen. Im heißen Ofen (Mitte) in 50–60 Minuten backen, dabei 2–3 Mal wenden, sodass sie rundum knusprig werden.

Während der Backzeit für das Ketchup die Zwiebel schälen und fein würfeln. Den Apfel waschen und mit Schale rundherum vom Kerngehäuse raspeln. Das Öl in einem Topf erhitzen. Die Zwiebel darin unter Wenden anschwitzen. Apfelraspel zugeben und kurz mitbraten. Mit Kokosblütenzucker bestreuen und kurz karamellisieren lassen. Die Tomaten samt Flüssigkeit angießen und mit einem Kochlöffel grob zerkleinern. Essig, Ingwer und 2–3 EL Wasser zugeben und alles aufkochen. Ca. 10 Minuten köcheln lassen.

Vom Herd nehmen und fein pürieren, dann weitere 3–4 Minuten dicklich einkochen lassen. Mit Salz und Pfeffer abschmecken und sofort in eine sterile Flasche (ca. 500 ml Inhalt) oder sterile Schraubgläser füllen und verschließen.

Die Sellerie-Fritten mit etwas grobem Salz bestreuen und mit Ketchup servieren. Übriges Ketchup in eine sterile Flasche (ca.350 ml Inhalt) oder ein Schraubglas füllen und kalt stellen. So bleibt es ca. 3 Wochen haltbar.

Pro Portion: **270** kcal | **25** g EW | **13** g F | **11** g KH (16 %)

OFENROSENKOHL
MIT SPECK

Für 2 Portionen

35 Minuten

FÜR DIE BEILAGE:

600 g Rosenkohl
1 rote Zwiebel
3 Zweige Thymian
1 EL Olivenöl
100 g gewürfelter magerer (Schinken-)Speck
Salz – Pfeffer
1 EL Haselnussblättchen

Den Backofen auf 220 °C Ober-/Unterhitze vorheizen. Inzwischen Rosenkohl waschen, äußere unschöne Blättchen und den Strunk entfernen, dann den Rosenkohl längs halbieren. Zwiebel schälen, längs halbieren und längs in ca. 5 mm dicke Spalten schneiden. Thymian waschen, trocken schütteln, Blättchen abzupfen und fein hacken. Alles vermischt auf ein Blech geben.

Öl und Speckwürfel in einer Pfanne langsam braten, bis der Speck schön gebräunt ist. Speck über dem Rosenkohl in ein feines Sieb geben und abtropfen lassen, dabei das Bratöl auf Rosenkohl und Zwiebeln tröpfeln. Auf dem Blech gut durchmischen, bis alles schön mit Fett überzogen ist. Pfeffern und salzen. Im heißen Ofen (Mitte) ca. 15 Minuten garen, dann wenden und in weiteren 10 Minuten fertig garen. 5 Minuten vor Garzeitende die Haselnussblättchen untermischen. Gemüse aus dem Ofen nehmen und den Speck unter das heiße Gemüse mischen.

Pro Portion: **290** kcal | **13** g EW | **21** g F | **12** g KH (17 %)

OFENBROKKOLI
MIT TAHINSOSSE

Für 2 Portionen

35 Minuten

FÜR DIE BEILAGE:

1 Brokkoli (ca. 500 g)
2 EL Olivenöl
½ TL Ras el Hanout
Salz – Pfeffer
1 kleine Knoblauchzehe
50 g Joghurt
40 g helles Tahin (Sesampaste)
1–2 TL Zitronensaft

Den Backofen auf 180 °C Ober-/Unterhitze vorheizen. Den Brokkoli waschen und in kleine Röschen teilen. Das Öl mit Ras el Hanout, Salz und Pfeffer verrühren. Den Brokkoli zugeben und gut untermischen. Auf einem mit Backpapier belegten Blech verteilen. Im heißen Ofen (Mitte) ca. 30 Minuten backen, bis der Brokkoli gar ist und an den Rändern leicht dunkel wird.

Inzwischen für die Soße den Knoblauch schälen und halbieren. Joghurt mit Tahin, Zitronensaft, Knoblauch und 1–2 EL Wasser in einen hohen Rührbecher geben und cremig pürieren. Mit Salz abschmecken. Ofenbrokkoli mit der Soße servieren.

Pro Portion: **525** kcal | **36** g EW | **35** g F | **15** g KH (11 %)

BLUMENKOHLREIS

INDIAN STYLE MIT GEWÜRZHUHN

Für 2 Portionen

50 Minuten

FÜR DIE HAUPTZUTAT:

2 Hähnchenschenkel (à 200 g)
20 g Butter
1 Knoblauchzehe
Salz – Pfeffer
125 ml Gemüsebrühe
½ TL Garam Masala
⅓ TL Paprikapulver edelsüß

+

FÜR DIE BEILAGE:

1 kleiner Blumenkohl (ca. 600 g)
1 kleine Zwiebel
2 EL Mandelblättchen
1 EL Butterschmalz
½ TL Kreuzkümmelsamen (siehe Tipp)
80 g tiefgefrorene Erbsen
¾ – 1 TL scharfes Currypulver
80 ml Gemüsebrühe
Salz – Pfeffer
2 EL gehacktes Koriandergrün

Den Backofen auf 200 °C Ober-/Unterhitze vorheizen. Inzwischen Hähnchenschenkel kalt abbrausen und trocken tupfen. Die Butter schmelzen, währenddessen den Knoblauch schälen und dazupressen. Die Schenkel dünn mit der Knoblauchbutter bestreichen, dabei etwa die Hälfte übrig lassen. Salzen und pfeffern und mit der Hautseite nach oben in einen kleinen Bräter legen. Im heißen Ofen (Mitte) 15 Minuten garen, dann die Brühe zugießen und weitere 30 Minuten garen. Übrige Butter mit Garam Masala und Paprikapulver mischen. Die Keulen damit bepinseln und nochmals 5 Minuten garen.

Inzwischen den Blumenkohl waschen, putzen und grob zerschneiden, portionsweise im Blitzhacker zu „Reis" hacken. Die Zwiebel schälen, längs halbieren und längs in schmale Streifen schneiden. Eine beschichtete Pfanne erhitzen, darin die Mandelblättchen goldbraun rösten, herausnehmen.

Das Butterschmalz in der Pfanne erhitzen, darin die Zwiebel langsam hellbraun rösten. Kreuzkümmel zugeben und kurz mitrösten. Dann die gefrorenen Erbsen zugeben, Currypulver darüberstäuben, alles gut durchrühren und kurz braten. Mit Brühe ablöschen und bei mittlerer Hitze weitere 3–4 Minuten köcheln lassen, bis die Brühe verkocht ist.

Den Blumenkohl in die Pfanne geben und bei mittlerer bis großer Hitze unter Rühren 3–5 Minuten braten – er darf ruhig ein wenig bräunen. Mit Salz und Pfeffer abschmecken. Vom Herd nehmen und mit gehacktem Koriandergrün und gerösteten Mandelblättchen bestreuen.

TIPP

Wer nur gemahlenen Kreuzkümmel im Schrank hat, kein Problem! Einfach später 1 TL zusammen mit dem Currypulver über die Erbsen stäuben.

LACHSFILET

OHNE HAUT | CA. 150 G PRO PERSON

Der feste Fisch ist kein Leichtgewicht, überzeugt aber mit besonders gesunden ungesättigten Fetten und bleibt bei der Zubereitung schön saftig. Ganz unkompliziert lässt er sich als Filet zubereiten – mit oder ohne Haut –, und auch roh ist er ein echter Genuss.

BESTE GARMETHODEN

Kurz gebraten in der Pfanne bleibt er wunderbar zart. Aber besonders fettarm zubereitet wird Lachs in einem Dämpfeinsatz oder einem Dampfgarer. Würzende Zutaten wie Kräuter, Zitrusfrüchte oder Ingwer machen ihn aromatisch (siehe auch Rezept Seite 63)

Roh, in sehr feine Scheiben oder Stücke geschnitten, als Tatar oder Sashimi (siehe auch Seite 66). Wichtig dabei: Sushi-Qualität verwenden, die besonders frisch ist.

Im Ofen lassen sich auch größere Lachsstücke unkompliziert zubereiten (siehe auch Seite 74). Bestrichen mit Würzpasten, bleibt er dabei schön saftig.

WICHTIG

Wildlachs ist nur aus Alaska und teilweise aus Kanada empfehlenswert. In anderen Fanggebieten sind die Bestände zu niedrig. Eine gute Alternative ist außerdem Lachs aus Bio-Zucht.

SUPERSCHNELL

Statt frischem Lachs kalt oder heiß geräucherten Lachs oder fertigen Graved Lachs verwenden – die müssen nicht mehr zubereitet werden.

DAS LIEBLINGSREZEPT

SESAMLACHS

Für 2 Personen: 2 frische Lachsfilets mit Haut **(à ca. 150 g)** auf der Fleischseite **salzen** und mit je **½ TL Sahne-Meerrettich** bestreichen. Dann etwa **75 g Sesam** auf einen flachen Teller geben und den Lachs mit der bestrichenen Seite hineindrücken. **1 EL Öl** in einer beschichteten Pfanne erhitzen. Den Lachs darin zuerst auf der Hautseite ca. 5 Minuten braten. Dann wenden und weitere 2–3 Minuten bei nicht zu starker Hitze braten.

PRO PORTION

200 Kalorien | 28 g Eiweiß | 10 g Fett | 0 g Kohlenhydrate (0 %)

Pro Portion: **405** kcal | **31** g EW | **21** g F | **23** g KH (23 %)

RETTICHSALAT
MIT GEDÄMPFTEM INGWER-ZITRONEN-LACHS

Für 2 Portionen

25 Minuten

FÜR DIE HAUPTZUTAT:
300 g Lachsfilet ohne Haut
1 walnussgroßes Stück Ingwer
½ Bio-Zitrone
Salz

+

FÜR DIE BEILAGE:
200 g Ananas
400 g weißer Rettich
4 Stiele Koriander
1 EL Fischsoße
1 EL Sojasoße
Saft und Schale von
1 Bio-Zitrone
2 EL Öl (z. B. Sesamöl)
getrocknete Chiliflocken
(Pul Biber)
Salz

Für den Salat die Ananas schälen und in kleine Stücke schneiden. Den Rettich putzen, schälen und in sehr dünne Scheiben hobeln oder schneiden. Den Koriander waschen, trocken schütteln, die Blättchen abzupfen und hacken. Die Fischsoße mit Sojasoße, Zitronensaft, -schale und 1 EL Öl mischen. Mit Chili und Salz würzen. Ananas, Rettich und Koriander unter das Dressing mischen.

Den Lachs waschen, trocken tupfen und in 2 Stücke schneiden. Den Ingwer schälen und in dünne Scheiben schneiden. Die Zitrone waschen, trocken reiben und in dünne Scheiben schneiden. Zitronen- und Ingwerscheiben in einem Dämpfeinsatz verteilen und die Lachsstücke darauflegen. Einen Topf handbreit mit Wasser füllen, Dämpfeinsatz hineinstellen und alles zugedeckt zum Kochen bringen. Bei mittlerer Hitze je nach Dicke der Filets ca. 8 Minuten dämpfen. Mit etwas Salz würzen und mit dem Ananas-Rettich-Salat servieren.

TIPP:

Auf die gleiche Weise können Sie auch Hähnchenfilet mit Ingwer und Zitrone dämpfen. Die Garzeit beträgt dann je nach Dicke der Filets ca. 12 Minuten.

Pro Portion: **485** kcal | **34** g EW | **28** g F | **24** g KH (20 %)

FENCHEL-APFEL-SALAT

MIT LACHSTATAR

Für 2 Portionen

20 Minuten

FÜR DIE HAUPTZUTAT:

300 g Lachsfilet (ohne Haut)
1 ½ EL Crème légère
6 Stiele Dill
1 EL Zitronensaft
Salz – Pfeffer
1–2 Prisen Chilipulver

+

FÜR DIE BEILAGE:

400 g Fenchel
1 kleines Bund Radieschen
1 säuerlicher Apfel
6 EL Orangensaft
2 ½ EL Weißweinessig
½ TL Kokosblütenzucker
Salz – Pfeffer
3 EL Olivenöl

Den Fenchel waschen, putzen, dabei das Grün beiseitelegen. Die Fenchelknollen vierteln, den Strunk keilförmig herausschneiden und die Viertel quer in schmale Streifen schneiden oder hobeln. Radieschen waschen, putzen und in dünne Scheiben schneiden. Den Apfel waschen, vierteln, das Kerngehäuse entfernen und die Viertel in dünne Spalten schneiden oder hobeln. Sofort in 2 EL Orangensaft wenden, damit die Apfelspalten nicht braun werden.

Übrigen Orangensaft mit Essig und Kokosblütenzucker verrühren, mit Salz und Pfeffer würzen, dann das Olivenöl kräftig unterschlagen. Das Dressing mit Fenchel, Apfel und Radieschen mischen und ziehen lassen.

Inzwischen den Lachs kalt abspülen und mit Küchenpapier trocken tupfen. Mit einem scharfen Messer erst in grobe Stücke oder Würfel schneiden, diese anschließend fein zerhacken. Lachs mit Crème légère mischen. Dill waschen, trocken schütteln, Spitzen abzupfen und fein hacken. Mit dem Zitronensaft unter den Lachs mischen und alles mit Salz, Pfeffer und Chilipulver pikant abschmecken.

Das beiseitegelegte Fenchelgrün fein hacken. Den Salat auf zwei Teller verteilen, das Lachstatar in die Mitte daraufgeben und alles mit Fenchelgrün bestreuen.

OFENSPARGEL
GRILL-ZUCCHINI

ZITRONEN-
RAHM-WIRSING

Pro Portion: **130** kcal | **10** g EW | **6** g F | **9** g KH (28 %)

GRILL-ZUCCHINI
MIT PARMESAN-DRESSING

Für 2 Portionen

25 Minuten

FÜR DIE BEILAGE:
1 kleine Schalotte
1 EL Weißweinessig
2 Zucchini
Salz
100 g Kirschtomaten
½ Bund Basilikum
Pfeffer
2 EL Olivenöl
etwas fein abgeriebene Schale von ½ Bio-Zitrone
3 TL geriebener Parmesan (15 g)
2 TL Parmesanspäne (10 g)
etwas Öl für die Grillpfanne

Die Schalotte schälen, sehr fein würfeln und mit dem Essig in einer Schüssel mischen. Ca. 15 Minuten ziehen lassen, bis sie weicher wird.

Inzwischen die Zucchini waschen, Enden entfernen. Die Zucchini mit einem Sparschäler der Länge nach in dünne breite Streifen hobeln, salzen. Eine Grillpfanne mit Öl auspinseln. Die Zucchinistreifen darin portionsweise unter Wenden in je ca. 5 Minuten grillen. Die Tomaten waschen, trocken reiben und halbieren. Den Basilikum waschen, trocken schütteln und die Blätter von den Stielen zupfen. Die Blätter nach Belieben grob schneiden.

Die Schalotten-Essig-Mischung mit Salz und Pfeffer würzen. Öl im dünnen Strahl zugießen und unterschlagen. Die Zitronenschale und den Parmesan einrühren. Nochmals mit Salz und Pfeffer abschmecken.

Die Zucchinistreifen, die Tomaten und den Basilikum auf einer Platte anrichten. Das Dressing darüberträufeln und alles mit Parmesanspänen bestreuen.

Pro Portion: **270** kcal | **11** g EW | **9** g F | **11** g KH (16 %)

OFENSPARGEL
MIT MANDELN

Für 2 Portionen

30 Minuten

FÜR DIE BEILAGE:

750 g grüner Spargel
½ Bio-Zitrone
3 EL Olivenöl
Salz – Pfeffer
3 EL Mandelblättchen
2 EL gehackte Petersilie

Den Backofen auf 225 °C Ober-/Unterhitze vorheizen. Den Spargel waschen und die Stangen in der unteren Hälfte schälen (sehr dünne Stangen einfach so belassen). Die Stangen in einer möglichst passenden Form nebeneinander so dicht an dicht auslegen, dass keine Stangen übereinanderliegen.

Die Zitrone heiß abwaschen, die Schale fein abreiben und den Saft auspressen. Beides über den Spargel verteilen. 2 EL Olivenöl darüberträufeln und mit Salz und Pfeffer würzen. Den Spargel im heißen Ofen (Mitte) 25 Minuten garen, dabei ein- bis zweimal wenden, falls nötig nochmals mit restlichem Olivenöl beträufeln.

Die Mandeln über den Spargel streuen und weitere 3–5 Minuten garen, bis sie gebräunt sind. Den Spargel aus dem Ofen nehmen und mit Petersilie bestreuen.

Pro Portion: **320** kcal | **13** g EW | **23** g F | **13** g KH (16 %)

ZITRONEN-RAHM-WIRSING

Für 2 Portionen

25 Minuten

FÜR DIE BEILAGE:

1 kleiner Wirsing (ca. 700 g)
1 Zwiebel
1 Knoblauchzehe
2 EL Olivenöl
Salz – Pfeffer
100 g Sahne zum Kochen (15 % Fett)
75 ml Gemüsebrühe
1 EL Kapern
½ Bio-Zitrone
frisch geriebene Muskatnuss

Den Wirsing vierteln, waschen, den Strunk keilförmig herausschneiden. Wirsingviertel quer in ca. 1 cm breite Streifen schneiden. Zwiebel und Knoblauch schälen und fein würfeln. Das Olivenöl in einer breiten beschichteten Pfanne erhitzen. Darin die Zwiebel goldgelb anbraten, Knoblauch dazugeben und kurz mitbraten. Wirsing zugeben, salzen, pfeffern und unter Rühren 2–3 Minuten dünsten.

Mit Sahne und Brühe ablöschen und zugedeckt bei mittlerer Hitze ca. 10 Minuten garen. Inzwischen die Kapern abtropfen und fein hacken. Zitrone waschen, abtrocknen, die Schale fein abreiben und den Saft auspressen.

Zitronenschale und Kapern unter den Wirsing rühren und mit 1–2 EL Zitronensaft abschmecken. Alles in weiteren 5–8 Minuten fertig garen.

Pro Portion: **465** kcal | **13** g EW | **35** g F | **25** g KH (22 %)

OFENTOPINAMBUR
MIT ERBSEN-GUACAMOLE

Für 2 Portionen

30 Minuten

FÜR DIE BEILAGE:

5 g getrocknete Steinpilze
1 TL grobes Meersalz
½ TL getrockneter Thymian
2 EL Olivenöl
500 g Topinambur
100 g TK-Erbsen
1 reife Avocado
1–2 EL Zitronensaft
Salz

Den Backofen auf 200 °C Ober-/Unterhitze vorheizen und ein Backblech mit Backpapier auslegen. Die Pilze mit Meersalz und Thymian in einen Blitzhacker geben, fein zerkleinern und mit dem Olivenöl verrühren. Die Topinambur gründlich unter fließend kaltem Wasser abbürsten, gut trocken tupfen und in ca. 1 cm breite Scheiben schneiden. Gut mit dem Steinpilz-Öl vermischen und auf dem Blech ausbreiten. Im heißen Ofen (Mitte) ca. 15 Minuten backen. Den Backofengrill zuschalten, das Blech auf die zweite Schiene von oben schieben und die Ofentopinambur in weiteren 5–8 Minuten knusprig braten.

Inzwischen für die Erbsen-Guacamole die Erbsen mit kochendem Wasser aus dem Wasserkocher übergießen und ca. 5 Minuten ziehen lassen. Die Erbsen abgießen. Die Avocado halbieren, Kern entfernen und das Fruchtfleisch aus der Schale lösen. Erbsen, Avocado und Zitronensaft fein pürieren. Mit Salz abschmecken. Ofentopinambur mit Erbsen-Guacamole servieren.

Pro Portion: **175** kcal | **6** g EW | **9** g F | **17** g KH (39 %)

SCHMORGURKEN-GEMÜSE

Für 2 Portionen

20 Minuten

FÜR DIE BEILAGE:

500 g (Schmor-)Gurken
1 rote Paprikaschote – 1 Zwiebel
2 EL Olivenöl – Salz – Pfeffer
¾ TL Paprikapulver edelsüß
3 Msp. Chilipulver
100 ml Gemüsebrühe
80 g Sahne zum Kochen (15 % Fett)
1 EL körniger Senf
1 EL Weißweinessig
½ Bund Dill – 1 EL saure Sahne

Die Gurken schälen, längs vierteln und die Kerne herausschneiden. Die Gurkenviertel in knapp 1 cm breite Stücke schneiden. Die Paprika halbieren, entkernen, waschen und die Hälften in ca. 1 cm große Würfel schneiden. Die Zwiebel schälen, längs halbieren und längs in Streifen schneiden.

Das Öl in einer Pfanne erhitzen, darin die Zwiebel goldgelb anbraten. Paprika und Gurke zugeben und unter Rühren 3–5 Minuten anbraten. Salzen, pfeffern, mit Paprika- und Chilipulver bestäuben, durchrühren und mit Gemüsebrühe und Sahne ablöschen. Den Senf unterrühren und alles zugedeckt 10–15 Minuten bei mittlerer Hitze garen, gegen Ende der Garzeit mit Essig abschmecken.

Inzwischen den Dill waschen, trocken schütteln, die Spitzen abzupfen und fein hacken. Den Dill bis auf einen kleinen Rest mit der sauren Sahne unter das Gemüse mischen und bei Bedarf alles nochmals mit Salz und Pfeffer abschmecken, mit dem übrigem Dill bestreuen.

OFENTOPINAMBUR
MIT ERBSEN-GUACAMOLE
SCHMORGURKEN-GEMÜSE

Pro Portion: **470** kcal | **40** g EW | **29** g F | **10** g KH (9 %)

ZUCCHINI-NUDELN
MIT SPINATCREME UND PULLED-KRÄUTERLACHS

Für 2 Portionen

20 Minuten

FÜR DIE HAUPTZUTAT:

350 g Lachsfilet (ohne Haut)
½ Bio-Zitrone
1 kleines Bund Dill
3 Stängel Estragon
Salz – Pfeffer
2 EL Olivenöl

+

FÜR DIE BEILAGE:

2 Zucchini (ca. 400 g) – Salz
125 g Spinat
1 Knoblauchzehe
1 EL Olivenöl – Pfeffer
½ Bio-Zitrone
80 g Joghurt (1,8 % Fett)
1 EL Crème légère
2–3 Msp. Chiliflocken

Den Backofen auf 200 °C Ober-/Unterhitze vorheizen. Das Lachsfilet kalt abspülen und mit Küchenpapier trocken tupfen. Die Zitrone heiß abwaschen und abtrocknen. Den mittigen, dicken Teil in dünne Scheiben schneiden, von den Enden den Saft auspressen. Die Kräuter waschen und trocken schütteln. 2–3 Dillstiele in eine kleine ofenfeste Auflaufform legen, darauf das Lachsfilet. Vom übrigen Dill die Spitzen abzupfen, vom Estragon die Blätter und beides fein hacken.

Den Lachs mit 1 EL Zitronensaft beträufeln, salzen und pfeffern. Die Kräuter obenauf geben und leicht andrücken. Mit Öl beträufeln, dann die Zitronenscheiben darauf verteilen, sodass möglichst alles etwas abgedeckt ist. Im heißen Ofen (Mitte) in 12–15 Minuten garen.

Währenddessen die Zucchini waschen, putzen und mit dem Spiralschneider zu dünnen Spiralen schneiden, leicht salzen und Wasser ziehen lassen. Den Spinat verlesen, waschen und in einem Sieb abtropfen lassen. Knoblauch schälen und fein hacken. Öl in einem Topf erhitzen, Knoblauch darin goldgelb anbraten. Den tropfnassen Spinat hineingeben, salzen, pfeffern und bei großer Hitze zusammenfallen lassen. In ein Sieb gießen, abtropfen und leicht abkühlen lassen.

Zitrone heiß abwaschen, die Schale abreiben, den Saft auspressen. Joghurt und Crème légère glatt verrühren, mit 2–3 Msp. Zitronenschale, Salz, Pfeffer und Chili würzen. Spinat klein hacken und untermischen, mit Zitronensaft abschmecken.

Die Zucchini-Nudeln in eine hitzebeständige Schüssel geben und mit gerade so viel kochendem Wasser begießen, dass sie bedeckt sind. Etwa 2 Minuten darin ziehen und warm werden lassen, dann in ein Sieb gießen und abtropfen lassen. Mit der Spinatcreme mischen und auf zwei Teller verteilen. Den Lachs aus dem Ofen nehmen, die Zitronenscheiben herunternehmen und den Lachs mit einer Gabel in Stücke zupfen. Pulled-Kräuterlachs auf den Zucchininudeln verteilen.

GARNELEN

MITTELFETT | CA. 180 G PRO PERSON

Ungegart, geschält, gesäubert („entdarmt") und ohne Kopf. Frisch oder ganz praktisch immer im Vorrat in tiefgekühlter Form. Garnelen werden auch unter den folgenden Bezeichnungen angeboten: Shrimps, Prawns, Gambas oder Tiefseegarnelen.

BESTE GARMETHODEN

Garnelen in wenig leicht kochendem Salzwasser oder Fischfond ca. 5 Minuten garen oder in Olivenöl 4–5 Minuten bei mittlerer Hitze unter gelegentlichem Rühren garen, salzen und pfeffern. Alternativ: die Garnelen in Topf- oder Pfannengerichten am Ende einfach 5–8 Minuten mitgaren.

WICHTIG

Wie bei vielen Fischen empfiehlt es sich bei Garnelen, auf Bio-Produkte oder Zuchtgarnelen aus zertifizierten Betrieben zurückzugreifen: Sie schmecken nicht nur besser, sondern schonen auch gleichzeitig den Bestand und die Umwelt.

SUPERSCHNELL

In viele Gerichte passen auch bereits gegarte Garnelen (die es z. B. in vielen Supermärkten im Frischeregal gibt) oder alternativ Nordseekrabben: Einfach kalt auf Salate geben oder bei warmen Gerichten am Ende kurz mit erwärmen.

DAS LIEBLINGSREZEPT

KNOBLAUCHGARNELEN

Der Renner auf Salat

Für 2 Personen: 360 g (aufgetaute) Garnelen trocken tupfen. **3 Knoblauchzehen** schälen und quer in Scheiben schneiden. **¼ Bund Petersilie** waschen, trocken schütteln, Blättchen abzupfen und fein hacken. In einer beschichteten Pfanne **3 EL Öl** erhitzen, darin den Knoblauch bei mittlerer Hitze 30 Sekunden anschwitzen. Garnelen zugeben, mit **Pfeffer** und **2–3 Msp. Chiliflocken** würzen und 3–4 Minuten unter Rühren braten, bis sie rosa und an den Rändern leicht gebräunt sind. **Salzen**, **3 EL Weißwein** zugeben und bei kleiner Hitze 1–2 Minuten köcheln lassen. Dann die Petersilie zugeben, alles kurz durchrühren und sofort servieren.

PRO PORTION

185 Kalorien | 37 g Eiweiß | 3 g Fett | 2 g Kohlenhydrate (3 %)

MANGOLD MIT PINIENKERNEN
CHINAKOHL-KOKOS-CURRY

KOPFSALAT-ERBSEN-GEMÜSE
SCHARFER SCHMOR-KOHL

Pro Portion: **350** kcal | **8** g EW | **30** g F | **11** g KH (13 %)

CHINAKOHL-KOKOS-CURRY

Für 2 Portionen

20 Minuten

FÜR DIE BEILAGE:

400 g Chinakohl
3 Stangen Staudensellerie
1 Zwiebel
1 Knoblauchzehe
20 g frischer Ingwer
1 EL Olivenöl
1–1 ½ TL Currypulver
200 ml Kokosmilch
150 ml Gemüsebrühe
2 EL Sojasoße
60 g Sojabohnensprossen
1 EL Limettensaft
Salz – Pfeffer

Den Chinakohl waschen, putzen und quer in ca. 2 cm breite Streifen schneiden. Staudensellerie waschen, putzen und die Stangen quer in dünne, schräge Scheiben schneiden. Zwiebel schälen, längs halbieren und längs in Spalten schneiden. Knoblauch und Ingwer schälen und fein hacken.

Das Öl in einem Topf erhitzen, darin Zwiebel und Sellerie 2–3 Minuten anschwitzen. Knoblauch und Ingwer zugeben und kurz mitbraten. Chinakohl zugeben und unter Rühren kurz mit anbraten. Currypulver darüberstäuben, kurz anrösten und mit Kokosmilch und Gemüsebrühe ablöschen. Mit Sojasoße würzen und zugedeckt bei kleiner Hitze 8–10 Minuten garen.

Währenddessen die Sojabohnensprossen in einem Sieb kalt abbrausen und abtropfen lassen. Unter das Curry mischen und 2 Minuten bei mittlerer Hitze mitgaren. Alles mit Limettensaft, Salz und Pfeffer abschmecken.

Pro Portion: **295** kcal | **11** g EW | **19** g F | **21** g KH (28 %)

KOPFSALAT-ERBSEN-GEMÜSE

Für 2 Portionen

15 Minuten

FÜR DIE BEILAGE:

1 Schalotte
200 g Romanasalat
3 Stiele Minze
40 g Butter
250 g TK-Erbsen
100 ml Gemüsebrühe
Salz – Pfeffer

Die Schalotte schälen und fein würfeln. Den Strunk vom Salat abschneiden, die Blätter ablösen, waschen und gut abtropfen lassen. Den Salat quer in ca. 2 cm breite Streifen schneiden. Die Minze waschen, trocken schütteln, die Blätter von den Stielen zupfen und in feine Streifen schneiden.

Die Butter in einer Pfanne schmelzen und die Schalotte darin anschwitzen. Die Erbsen, die Gemüsebrühe und etwas Salz zufügen, aufkochen und zugedeckt ca. 5 Minuten dünsten. Salat und Minze zugeben und unter Wenden ca. 2 Minuten ohne Deckel weitergaren. Mit Salz und Pfeffer abschmecken.

Pro Portion: **290** kcal | **12** g EW | **21** g F | **12** g KH (17 %)

MANGOLD MIT PINIENKERNEN

Für 2 Portionen

15 Minuten

FÜR DIE BEILAGE:

1 kleine Zwiebel
1 Knoblauchzehe
400 g Mangold
25 g Pinienkerne
2 EL Olivenöl
1 EL Rosinen
¼ TL Zimtpulver
Salz – Pfeffer
25 g geriebener Parmesan

Die Zwiebel und den Knoblauch schälen und fein würfeln. Den Mangold waschen, trocken schütteln und die Blätter von den Stielen schneiden. Die Stiele putzen und in Stücke schneiden. Die Blätter grob hacken. Die Pinienkerne in einer Pfanne ohne Fett rösten, bis sie leicht bräunen, herausnehmen und abkühlen lassen.

Das Öl in einer weiten Pfanne erhitzen. Die Zwiebel und den Knoblauch darin anschwitzen. Die Mangoldstiele zugeben und unter Wenden 2–3 Minuten andünsten. Dann die Mangoldblätter zugeben und unter Rühren weitere 2–3 Minuten dünsten, bis die Blätter zusammengefallen sind.

Die Rosinen, den Zimt und 50 ml Wasser zugeben und zugedeckt ca. 5 Minuten dünsten. Mit Salz und Pfeffer abschmecken. Mit gerösteten Pinienkernen und geriebenem Parmesan bestreut anrichten.

Pro Portion: **195** kcal | **9** g EW | **11** g F | **14** g KH (29 %)

SCHARFER SCHMOR-KOHL

Für 2 Portionen

25 Minuten

FÜR DIE BEILAGE:

1 kleine Zwiebel
1 Knoblauchzehe
1 kleiner Spitzkohl (ca. 600 g)
1 EL Öl – Salz – Pfeffer
1 Msp. gemahlener Kümmel
½ Dose stückige Tomaten (200 g)
½ Bund Petersilie
2 EL scharfes Ajvar (Paprikapaste)
50 g Sahne zum Kochen (15 % Fett)

Die Zwiebel und den Knoblauch schälen und fein würfeln. Den Kohl putzen, waschen, vierteln und in dünnen Streifen vom Strunk hobeln oder schneiden.

Das Öl in einer weiten Pfanne erhitzen. Die Zwiebel und den Knoblauch darin anschwitzen. Den Kohl zugeben und ca. 5 Minuten mitdünsten. Mit Salz, Pfeffer und Kümmel würzen. Die Tomaten und 150 ml Wasser einrühren, aufkochen und zugedeckt ca. 10 Minuten schmoren lassen.

Inzwischen die Petersilie waschen, trocken schütteln, die Blätter von den Stielen zupfen und fein hacken. Ajvar und Sahne unter den Kohl rühren, ca. 2 Minuten weiterköcheln und mit Salz und Pfeffer abschmecken. Petersilie unterrühren.

Pro Portion: **335** kcal | **15** g EW | **24** g F | **13** g KH (16 %)

BROKKOLI-MANDEL-TABOULÉ

Für 2 Portionen

20 Minuten

FÜR DIE BEILAGE:

500 g Brokkoli
2 EL Olivenöl
4 EL Zitronensaft
Salz – Pfeffer
¼ TL Kreuzkümmel
200 g Kirschtomaten
½ Bund glatte Petersilie
5 Stiele Minze
50 g Mandelkerne mit Haut

Den Brokkoli waschen und trocken schütteln. Die Röschen möglichst weit oben vom Stiel schneiden und in ganz kleine Stücke zerteilen. Die Brokkoli-Stiele schälen und in ganz feine Scheiben schneiden. Alternativ lässt sich der Brokkoli auch auf der groben Seite einer Vierkantreibe zerkleinern.

Den Brokkoli-„Couscous" mit dem Öl in eine Pfanne geben und unter Wenden 3–4 Minuten braten, eventuell 2–3 EL Wasser zugeben. Mit Zitronensaft, Salz, Pfeffer und Kreuzkümmel würzen. In eine Schüssel füllen und abkühlen lassen.

Die Tomaten waschen und vierteln. Die Kräuter waschen, trocken schütteln, die Blätter von den Stielen zupfen und in feine Streifen schneiden oder fein hacken. Die Mandeln in einem Blitzhacker auf Reiskörngröße zerkleinern. Die Tomaten, die Kräuter und die Mandeln unter den Blumenkohl mischen. Den Salat nochmal mit Salz und Pfeffer abschmecken und servieren.

Pro Portion: **315** kcal | **8** g EW | **24** g F | **15** g KH (19 %)

SCHARFER CHINAKOHL-SLAW

Für 2 Portionen

15 Minuten

FÜR DIE BEILAGE:

½ Chinakohl (ca. 600 g)
1 große Möhre – 1 rote Zwiebel
½ Bund Petersilie
50 g Mayonnaise
100 g Joghurt
1 TL Dijon-Senf
50 g Apfelsaft
3 TL Weißweinessig
ca. 1 TL Tabasco
Salz – Pfeffer

Den Kohl putzen, waschen, gut abtropfen lassen, halbieren und in feinen Streifen vom Strunk schneiden. Die Möhre putzen, schälen und grob raspeln. Die Zwiebel schälen, halbieren und in feine Scheiben hobeln oder schneiden. Die Petersilie waschen, trocken schütteln, die Blätter von den Stielen zupfen und fein hacken.

Für das Dressing die Mayonnaise mit Joghurt, Senf, Apfelsaft, Essig und Tabasco glatt rühren. Mit Salz und Pfeffer abschmecken.

Alle vorbereiteten Zutaten unter das Dressing mischen und nochmals mit Salz, Pfeffer und gegebenenfalls Tabasco abschmecken.

SCHARFER CHINAKOHL-SLAW
BROKKOLI-MANDEL-TABOULÉ

Pro Portion: **435** kcal | **33** g EW | **27** g F | **15** g KH (14 %)

BOHNENSALAT
MIT GARNELEN AUS DEM PÄCKCHEN

Für 2 Portionen

25 Minuten

FÜR DIE HAUPTZUTAT:

250 g rohe küchenfertige Garnelen
1 EL weiche Butter
1 EL Frischkäse
2 TL gehackte Petersilie
¼ TL abgeriebene Bio-Zitronenschale
Salz – Pfeffer

+

FÜR DIE BEILAGE:

200 g grüne Bohnen (wahlweise TK-Bohnen)
Salz
250 g Kirschtomaten
100 g weiße Bohnen (aus der Dose)
1 rote Zwiebel
1 Knoblauchzehe
3 EL Olivenöl
½ TL Tomatenmark
100 ml Gemüsebrühe
2–3 EL Weißweinessig
1 TL Kapern
4 schwarze Oliven (ohne Stein)
2 Stiele Basilikum
Pfeffer

Für die Garnelen den Backofen auf 200 °C Ober-/Unterhitze vorheizen. Garnelen kalt abbrausen und trocken tupfen. Die Butter mit Frischkäse, gehackter Petersilie und Zitronenschale vermengen und mit Salz und Pfeffer würzen. Die Hälfte der Garnelen mittig auf je 1 Bogen Pergamentpapier (ca. 38 x 40 cm) legen. Jeweils die Hälfte der Buttermischung in Flöckchen daraufgeben. Das Papier über den Garnelen zusammenschlagen und zu einem Bonbon an den Enden zusammenbinden. 15 Minuten auf dem Backrost (Mitte) im heißen Ofen garen.

Währenddessen die Bohnen waschen, putzen (TK-Bohnen antauen lassen) und quer halbieren. In einem Topf ausreichend Wasser erhitzen, salzen und die Bohnen im sprudelnd kochenden Wasser in 5–8 Minuten etwas mehr als bissfest garen. In ein Sieb abgießen, kalt abbrausen und abtropfen lassen.

Inzwischen Tomaten waschen und halbieren. Weiße Bohnen in ein Sieb gießen kalt abbrausen und abtropfen lassen. Zwiebel und Knoblauch schälen und klein würfeln. 1 EL Öl in einem Pfännchen erhitzen, darin Zwiebel und Knoblauch goldgelb anschwitzen. Tomatenmark unterrühren, kurz mitrösten und mit Brühe ablöschen. 2–3 Minuten leicht einkochen lassen. Dann 2 EL Essig untermischen, vom Herd nehmen und abkühlen lassen.

Inzwischen Kapern abtropfen lassen. Oliven in Ringe schneiden. Basilikum waschen, trocken schütteln, Blättchen abzupfen und in breite Streifen schneiden. Übriges Öl unter die Essigbrühe mischen, mit Salz, Pfeffer und eventuell noch etwas Essig abschmecken. Vorsichtig mit beiden Bohnensorten, Tomaten, Kapern, Oliven und Basilikum mischen. Die Garnelen aus dem Päckchen dazu servieren.

BLADE MADE IN USA

Pro Portion: **580** kcal | **24** g EW | **47** g F | **17** g KH (11 %)

GRÜNKOHLSALAT
MIT CHILI-MAYONNAISE

Für 2 Portionen

25 Minuten

FÜR DIE BEILAGE:

250 g zarte Grünkohlblätter
Saft von ½ Zitrone – Salz
80 g ausgelöste TK-Edamame
1 kleine Avocado – 1 Bio-Orange
1 kleine Knoblauchzehe
1 Eigelb (Größe M)
½ TL Dijon-Senf
1 EL griechischer Joghurt (10 % Fett)
5 EL Olivenöl – Pfeffer
½ TL Harissa
(nordafrikanische Würzpaste)

Grünkohl waschen, trocken schütteln, die Blätter von den Stängeln zupfen und mundgerecht zerteilen. Mit 1 EL Zitronensaft und 1 Prise Salz mit den Händen kräftig durchkneten, ziehen lassen. Inzwischen die Edamame in ausreichend Salzwasser 10 Minuten bei mittlerer Hitze garen, in ein Sieb abgießen und kalt abbrausen. Avocado halbieren, Kern und Schale entfernen, das Fruchtfleisch würfeln und sofort in 1 TL Zitronensaft wenden.

Orange heiß waschen, abtrocknen und die Schale fein abreiben. Übrige Schale samt weißer Haut wegschneiden, dann die Orange quer in Scheiben schneiden und diese vierteln, dabei den Saft auffangen und die Kerne entfernen.

Knoblauch schälen und fein hacken. Mit Eigelb, Senf, 2 EL Zitronensaft, Joghurt und 3 Msp. Orangenschale in einen hohen Mixbecher geben. Mit dem Pürierstab fein pürieren, nach und nach Öl einlaufen lassen. So lange weitermixen, bis ein cremiges Dressing entstanden ist. Mit Salz, Pfeffer, Harissa und 2–3 EL Orangensaft würzen. Dressing mit Grünkohl, Avocado, Edamame und Orangenvierteln mischen.

Pro Portion: **300** kcal | **6** g EW | **15** g F | **33** g KH (44 %)

FRUCHTIGER GURKENSALAT

Für 2 Portionen

20 Minuten

FÜR DIE BEILAGE:

1 Salatgurke
½ kleine Mango (ca. 150 g Fruchtfleisch)
2 Frühlingszwiebeln
je ¼ Bund Minze und Koriander
1 walnussgroßes Stück Ingwer
½ Limette – 2 EL Öl
1 EL Sojasoße
Salz – Pfeffer
2 TL Sesam

Die Salatgurke schälen, die Enden entfernen, die Gurke halbieren und die Kerne herauskratzen. Das Fruchtfleisch in schmale Scheiben schneiden oder hobeln. Die Mango schälen, Fruchtfleisch vom Stein schneiden und klein würfeln. Die Frühlingszwiebeln putzen, waschen und in feine Ringe schneiden. Die Kräuter waschen, trocken schütteln, die Blätter von den Stielen zupfen und fein hacken. Den Ingwer schälen und fein reiben oder würfeln.

Die Limette auspressen. Saft mit dem Öl, der Sojasoße, dem Ingwer, etwas Salz und Pfeffer verrühren. Die Gurke, die Mango, die Frühlingszwiebeln und die Kräuter unter das Dressing mischen.

Den Sesam in einer Pfanne ohne Fett rösten, bis er duftet. Unter den Gurkensalat mischen. Nochmals mit Salz und Pfeffer abschmecken und servieren.

GRÜNKOHLSALAT
FRUCHTIGER
GURKENSALAT

Pro Portion: **365** kcal | **9** g EW | **16** g F | **42** g KH (46 %)

KÜRBIS-PAD-THAI

MIT CHILI-GARNELEN

Für 2 Portionen

35 Minuten

FÜR DIE HAUPTZUTAT:

360 g rohe, küchenfertige Garnelen (frisch oder aufgetaut)
1 Knoblauchzehe
2 rote Chilischoten
1 ½ EL Olivenöl – Salz

+

FÜR DIE BEILAGE:

1 kleiner Spaghettikürbis (ca. 1 kg)
2 ½ EL Olivenöl
3 Schalotten
2 Knoblauchzehen
1 Limette
1 EL Weißweinessig
2 EL Sojasoße
2 EL Fischsoße
½ –1 TL Chilisoße (z. B. Sriracha)
1 TL Kokosblütenzucker
1 EL gesalzene Erdnusskerne (ohne Fett geröstet)
2 Frühlingszwiebeln
3 EL gehacktes Koriandergrün

Den Backofen auf 200 °C Over-/Unterhitze vorheizen, ein Blech mit Backpapier auslegen. Den Kürbis waschen, längs halbieren und entkernen. Mit den Schnittflächen nach oben auf das Blech legen und dünn mit Olivenöl bepinseln. Im heißen Ofen (Mitte) 30–35 Minuten garen.

Inzwischen die Schalotten schälen, längs halbieren und in feine Streifen schneiden. Den Knoblauch schälen und fein hacken. Die Limette halbieren, eine Hälfte halbieren, von der anderen den Saft auspressen. 2 EL Wasser, Limettensaft, Essig, Soja-, Fisch- und Chilisoße verrühren. Übriges Öl in einer beschichteten Pfanne erhitzen. Schalotten darin langsam goldbraun braten, gegen Ende Knoblauch zugeben. Kokosblütenzucker unterrühren und mit der Würzmischung ablöschen, dann vom Herd nehmen. Erdnusskerne grob hacken. Frühlingszwiebeln waschen, trocken schütteln und mit dem Grün in Ringe schneiden.

Für die Garnelen die Garnelen kalt abbrausen und trocken tupfen. Knoblauch schälen und fein hacken, Chilischoten halbieren, putzen und fein hacken. Öl in einer beschichteten Pfanne erhitzen, darin die Garnelen 2 Minuten bei großer Hitze anbraten. Dann Knoblauch und Chili zugeben und alles bei mittlerer Hitze unter Rühren 4 Minuten braten, leicht salzen.

Den Kürbis aus dem Ofen nehmen. Das Kürbisfleisch mit einer Gabel herauslösen und zerfasern. Mit den Schalotten samt Würzflüssigkeit, den Frühlingszwiebeln und dem Koriandergrün mischen. Die Garnelen daraufgeben und mit den Erdnusskernen bestreuen. Limettenstücke zum Beträufeln dazu servieren.

TIPP

Schneller geht die Zubereitung des Kürbisses in der Mikrowelle: dazu, wie beschrieben, halbieren und putzen, dann die Schale mit einer Gabel mehrmals tief einstechen. Mit den Schnittseiten nach unten in eine mikrowellengeeignete Form legen und so viel Wasser zugeben, dass es ca. 5 cm hoch in der Form steht. 5 Minuten auf hoher Stufe in der Mikrowelle garen. Falls er noch nicht ganz gar ist, weitere 3–5 Minuten in die Mikrowelle geben.

EIER

GRÖSSE M | 2 STÜCK PRO PERSON

Kleines Powerpaket: reich an Eiweiß, Fettsäuren, Vitamin A, D und B_{12} sowie Mineralstoffen. Eier sind wahre Nährstoffwunder – dazu noch preiswert und unglaublich wandelbar.

BESTE GARMETHODEN

Hart oder weich gekocht, als Spiegel- (siehe auch Rezept Seite 104) oder Rührei, zum Omelett oder Soufflé verfeinert, pochiert im Wasserbad oder als Cloud Egg im Ofen gebacken (siehe auch Rezept Seite 92).

PERFEKT GEKOCHT

Nehmen Sie die Eier etwa 30 Minuten vor dem Kochen aus dem Kühlschrank. Kühlschrankkalt haben sie eine etwas längere Kochzeit. Ausreichend Wasser aufkochen. Sobald das Wasser kocht, die Eier einzeln sanft ins Wasser gleiten lassen. Die Eieruhr stellen: für weiche Eier auf 3–4 Minuten, für wachsweiche Eier auf 5–6 Minuten, für hart gekochte Eier auf 8–10 Minuten.

DAS LIEBLINGSREZEPT

SPECK-EIER AUS DEM OFEN

Für 2 Personen: den Backofen auf 180 °C Ober-/Unterhitze vorheizen. 4 Mulden eines Muffinblechs fetten und mit je **2 Scheiben Frühstücksspeck** auslegen. **2 Eier** mit **50 ml Milch, 30 g Sahne** zum Kochen (15 % Fett), **1 TL Schnittlauchröllchen, Salz** und **Pfeffer** verquirlen. Die Eier-Masse in die Muffinmulden füllen. Im heißen Ofen ca. 12 Minuten backen, bis die Masse gestockt ist. Ca. 5 Minuten vor Ende der Garzeit die Eier mit insgesamt **1 EL geriebenem Käse** nach Wahl bestreuen. Eier aus der Form lösen.

PRO PORTION

200 Kalorien | 17 g Eiweiß | 14 g Fett | 1 g Kohlenhydrate (0,5 %)

Pro Portion: **570** kcal | **27** g E | **39** g Fett | **28** g KH (20 %)

PAPRIKA-LINSEN
MIT CLOUD-EGGS

Für 2 Portionen

30 Minuten

FÜR DIE HAUPTZUTAT:

4 Eier (Größe M)
2 EL fein geriebener Parmesan

+

FÜR DIE BEILAGE:

je 1 rote und gelbe Paprikaschote
1 Zwiebel
2 Knoblauchzehen
2 EL Olivenöl
Salz – Pfeffer
40 g rote Linsen
1 Dose stückige Tomaten (400 g)
2–3 Msp. Chiliflocken
½ TL Kurkumapulver
1 TL gemahlener Kreuzkümmel
2 EL gehacktes Koriandergrün

Die Paprika halbieren, entkernen, waschen und quer in dünne Streifen schneiden. Die Zwiebel und den Knoblauch schälen. Die Zwiebel längs in Streifen schneiden, den Knoblauch fein würfeln.

Das Öl in einer beschichteten Pfanne erhitzen, die Paprika- und Zwiebelstreifen hineingeben, salzen, pfeffern und unter Rühren 2 Minuten anbraten. Den Knoblauch zugeben und alles weitere 2–3 Minuten braten. Dann die roten Linsen, 180 ml Wasser und die Tomaten unterrühren.

Mit Salz, Pfeffer, Chili, Kurkuma und Kreuzkümmel würzen. Das Linsengemüse zugedeckt 20–25 Minuten bei mittlerer Hitze garen, bis die Linsen weich sind. Ist die Soße zu dick, etwas Wasser zugeben, ist sie zu wässrig, offen bei größerer Hitze weiter einkochen lassen.

Inzwischen für die Eier den Backofen auf 200 °C Ober-/Unterhitze vorheizen, ein Backblech mit Backpapier auslegen. Die Eier trennen. Das Eiweiß in eine Rührschüssel geben, die Eigelbe einzeln, am besten in jeweils einer halben Eierschale, in den Eierkarton stellen. Eiweiß und 1 Prise Salz mit den Schneebesen des Handrührgeräts zu Eischnee schlagen. Den Parmesan unterheben.

Den Eischnee als 4 hohe Häufchen mit etwas Abstand auf das Blech setzen. Mit einem Teelöffel ein tiefere Mulde in die Mitte drücken. Im heißen Ofen (Mitte) 5–7 Minuten backen, bis das Eiweiß leicht zu bräunen beginnt, dann herausnehmen und jeweils ein Eigelb zügig in jeweils 1 Mulde des Eischnees geben. Schnell zurück in den Ofen schieben und weitere 3–4 Minuten backen. Zwei Drittel des Koriandergrüns unter das Gemüse rühren, die Cloud-Eggs daneben anrichten und mit übrigem Koriandergrün bestreuen.

SELLERIE-SENF-PÜREE
BLUMENKOHL MIT
WÜRZIGEN NUSSBRÖSELN

GEMÜSE-PFANNE
MIT CHORIZO

Pro Portion: **330** kcal | **18** g EW | **21** g F | **16** g KH (19 %)

GEMÜSE-PFANNE
MIT CHORIZO

Für 2 Portionen

25 Minuten

FÜR DIE BEILAGE:

2 gelbe Paprikaschoten
250 g Schwarzkohl (siehe Tipp)
1 rote Zwiebel
1 Knoblauchzehe
80 g Chorizo (am Stück)
1 EL Olivenöl
Salz – Pfeffer
1 EL Weißweinessig

Paprika halbieren, entkernen, waschen und längs in ca. 1 cm breite Streifen schneiden. Schwarzkohl waschen, dicke Stiele wegschneiden, die Blätter übereinanderlegen und quer in 5 mm breite Streifen schneiden. Zwiebel schälen, längs halbieren und in Spalten schneiden. Knoblauch schälen und fein hacken. Chorizo häuten, in dickere Scheiben schneiden und diese vierteln.

Das Öl in einer beschichteten Pfanne erhitzen, darin die Chorizo bei mittlerer Hitze langsam braten, bis sie leicht bräunt und möglichst viel Fett austritt. Die Chorizo aus der Pfanne nehmen und das Fett bis auf einen kleinen Rest abgießen. Im Bratfett erst Zwiebel und Knoblauch anschwitzen, dann Paprika zugeben und 1–2 Minuten unter Rühren anbraten.

Zuletzt den Schwarzkohl zugeben, salzen, pfeffern und bei großer Hitze zusammenfallen lassen. 3–4 EL Wasser zugeben und zugedeckt in 10–15 Minuten bei mittlerer Hitze garen. Mit Essig, Salz und Pfeffer abschmecken, 1 Minute weitergaren, dann die Chorizo unterrühren und heiß werden lassen. Dazu passt z. B. ein Spiegelei (siehe Rezept Seite 104).

TIPP

Schwarzkohl hat im Spätsommer und Herbst Saison und wird häufig in Bioläden angeboten. Wer keinen bekommt (z. B. im Winter), nimmt stattdessen Grünkohl. Hier sollte man allerdings die Blätter vollständig von den Stielen zupfen und anschließend klein schneiden.

Pro Portion: **165** kcal | **7** g EW | **9** g F | **12** g KH (30 %)

SELLERIE-SENF-PÜREE
MIT PETERSILIE

Für 2 Portionen
30 Minuten

FÜR DIE BEILAGE:
1 Knollensellerie (ca. 1 kg)
Salz
1 Lorbeerblatt
4 Stiele Petersilie
75 g Crème légère
½ TL Dijon-Senf
frisch geriebene Muskatnuss
1 gehäufter EL körniger Senf

Die Sellerieknolle schälen, waschen und in ca. 2 cm große Stücke schneiden. In kochendem Salzwasser mit dem Lorbeerblatt ca. 20 Minuten garen, bis sich der Sellerie leicht einstechen lässt.

Inzwischen die Petersilie waschen, trocken schütteln, die Blätter von den Stielen zupfen und fein hacken.

Den Sellerie abgießen und gut abtropfen lassen. Das Lorbeerblatt entfernen. Den Sellerie mit der Crème légère und dem mittelscharfen Senf zurück in den Topf geben und cremig pürieren oder zerstampfen. Mit Salz und 1–2 Prisen Muskat abschmecken. Den körnigen Senf und die Petersilie zugeben und unterheben.

Pro Portion: **270** kcal | **11** g EW | **21** g F | **9** g KH (13 %)

BLUMENKOHL
MIT WÜRZIGEN NUSSBRÖSELN

Für 2 Portionen
20 Minuten

FÜR DIE BEILAGE:
1 kleiner Blumenkohl (ca. 700 g)
25 g Haselnusskerne
¼ TL Kreuzkümmelsamen
½ TL Paprikapulver edelsüß
½ TL getrockneter Oregano
Salz – Pfeffer
30 g Butter

Den Blumenkohl waschen und in Röschen teilen. Den Stiel schälen und in Stücke schneiden. Röschen und Stielstücke in einen Dämpfeinsatz geben. Eine Handbreit Wasser in einen Topf füllen, den Dämpfeinsatz hineinstellen und den Blumenkohl zugedeckt bei mittlerer Hitze ca. 10 Minuten dämpfen.

Inzwischen die Nüsse mit den Kreuzkümmelsamen, dem Paprikapulver, dem Oregano, etwas Salz und Pfeffer in einen Blitzhacker geben und so zerkleinern, dass noch kleinere Nussstücke zu sehen sind.

Kurz bevor der Blumenkohl fertig ist, die Butter in einer Pfanne zerlassen und die Nussbrösel-Mischung darin unter Wenden anrösten, bis sie goldbraun ist. Den Blumenkohl aus dem Dämpfeinsatz nehmen und die Nussbrösel darübergeben.

Pro Portion: **250** kcal | **14** g EW | **10** g F | **25** g KH (40 %)

FRIED KOHLRABI-NUDELN

Für 2 Portionen
25 Minuten

FÜR DIE BEILAGE:
2 mittelgroße Kohlrabi
1 Knoblauchzehe
4 Frühlingszwiebeln
1 rote Paprikaschote
2 Stauden Pak Choi
100 g Shiitake-Pilze
1 EL Öl – 1 EL Limettensaft
2 EL süß-scharfe Asia-Chilisoße
2 EL Sojasoße – Salz – Pfeffer
1 EL geröstete gesalzene Erdnusskerne

Kohlrabiknollen schälen, waschen und mit einem Spiralschneider in lange dünne „Nudeln" schneiden (den Kohlrabi dafür ggf. in schmalere Stücke schneiden). Knoblauch schälen und hacken. Frühlingszwiebeln putzen, waschen und in feine Ringe schneiden. Paprika halbieren, entkernen, waschen und klein würfeln. Pak Choi waschen, trocken schütteln und die Stielansätze entfernen. Blätter und Stiele in 1–2 cm breite Streifen schneiden. Pilze abreiben, putzen und vierteln.

Das Öl in einer tiefen Pfanne erhitzen. Frühlingszwiebeln darin anschwitzen. Knoblauch und Paprika nach und nach zugeben und unter Wenden 1–2 Minuten mit anbraten. Nach und nach Pilze, Kohlrabinudeln und Pak Choi einrühren und alles jeweils für 2–3 Minuten braten.

Limettensaft mit Asia-Chilisoße und Sojasoße mischen, das Gemüse damit ablöschen. Unter Wenden 2–3 Minuten köcheln lassen. Salzen und pfeffern. Erdnusskerne grob hacken und darüberstreuen.

Pro Portion: **255** kcal | **15** g EW | **13** g F | **18** g KH (27 %)

NIZZASALAT

Für 2 Portionen
25 Minuten

FÜR DIE BEILAGE:
200 g grüne Bohnen – Salz
100 g Kirschtomaten
1 kleine rote Zwiebel
1 gelbe Paprikaschote
2 Mini-Römersalate
30 g schwarze Oliven
1 Glas eingelegte Artischocken (Abtropfgewicht 190 g)
1 kleine Dose Thunfisch naturel (Abtropfgewicht 65 g)
1 EL Crème fraîche – 1 EL Zitronensaft
1 kleine Knoblauchzehe – Pfeffer

Bohnen waschen, putzen und halbieren. In kochendem Salzwasser ca. 12 Minuten garen. Inzwischen Tomaten waschen und halbieren. Zwiebel schälen, halbieren und in feine Scheiben schneiden. Paprika halbieren, entkernen, waschen und quer in schmale Streifen schneiden. Salat waschen, trocken schütteln und in die einzelnen Blätter zerteilen. Oliven halbieren. Artischocken abgießen, abtropfen lassen und halbieren. Bohnen abgießen, kalt abschrecken und abtropfen lassen.

Für das Dressing den Thunfisch abgießen, abtropfen lassen und in einen hohen Mixbecher geben. Crème fraîche, Zitronensaft und 2 EL Wasser zugeben. Knoblauch schälen und zufügen. Alles cremig pürieren, mit Salz und Pfeffer abschmecken.

Eine Platte mit Salatblättern auslegen. Das übrige vorbereitete Gemüse und die Oliven darauf anrichten. Einen Teil des Dressings über den Salat träufeln. Das restliche Dressing extra dazu servieren.

FRIED KOHLRABI-NUDELN
NIZZASALAT

AVOCADO-GRAPEFRUIT-SALAT
SPARGELSALAT

FRÜHLINGSSALAT

Pro Portion: **330** kcal | **8** g EW | **27** g F | **13** g KH (16 %)

SPARGELSALAT
MIT AVOCADO

Für 2 Portionen

20 Minuten

FÜR DIE BEILAGE:

500 g weißer Spargel – Salz
1 Schalotte
½ Bund Schnittlauch
5 Stängel Petersilie
1 TL Dijon-Senf
2 Prisen Kokosblütenzucker
2 EL Weißweinessig
3 EL Olivenöl – Pfeffer
80 g Baby-Leaf-Salat (siehe Tipp)
4 Radieschen
1 Avocado

Den Spargel schälen, harte Enden wegschneiden, die Stangen längs halbieren und quer dritteln. Währenddessen in einem Topf ausreichend Salzwasser zum Kochen bringen. Den Spargel darin in ca. 5 Minuten bissfest, auf keinen Fall zu weich garen. Anschließend in ein Sieb abgießen, kalt abbrausen und abtropfen lassen.

Die Schalotte schälen und ganz fein würfeln. Die Kräuter waschen und trocken schütteln, den Schnittlauch in Röllchen schneiden, die Petersilienblättchen abzupfen und fein hacken. Den Senf mit Kokosblütenzucker und Essig verrühren, dann das Öl unterschlagen, mit Salz und Pfeffer würzen. Schalotte und Kräuter unter das Dressing mischen.

Den Salat waschen und trocken schleudern. Die Radieschen waschen, putzen und in feine Scheiben schneiden. Die Avocado halbieren, Kern und Schale entfernen und die Hälften in Spalten schneiden. Alles mit Spargel und Dressing mischen.

TIPP

Unter der Bezeichnung „Baby-Leaf-Salat" finden sich fertige Blattsalatmischungen aus feinen Pflücksalaten gekühlt in den Gemüseabteilungen vieler Supermärkte. Wer keinen findet, kann Rucola oder Babyspinat nehmen. Zu dem Spargelsalat passen z. B. pochierte oder (in Scheiben geschnittene) hart gekochte Eier.

Pro Portion: **310** kcal | **12** g EW | **16** g F | **27** g KH (35 %)

FRÜHLINGSSALAT
MIT BÄRLAUCH-DRESSING

Für 2 Portionen

20 Minuten

FÜR DIE BEILAGE:

2 kleine Kohlrabi (ca. 450 g)
3 dünne Möhren – Salz
80 g TK-Erbsen
1 reife feste Avocado
½ Bund Bärlauch (ca. 25 g)
2 Stängel Estragon
80 g saure Sahne
1 ½ EL Weißweinessig – Pfeffer

In einem großen Topf Wasser zum Kochen bringen. Währenddessend die Kohlrabi schälen und putzen, längs in knapp 1 cm dicke Scheiben und diese längs in knapp 1 cm dicke Stifte schneiden. Die Möhren schälen und in knapp 5 mm dicke Scheiben schneiden. Das Wasser salzen. Möhren und Kohlrabi darin in ca. 5–7 Minuten bissfest garen, dabei ca. 3 Minuten vor Garzeitende die gefrorenen Erbsen zugeben. Alles in ein Sieb abgießen, kalt abbrausen und abtropfen lassen.

Während das Gemüse gart, die Avocado halbieren, Kern und Schale entfernen und das Fruchtfleisch würfeln. Bärlauch und Estragon waschen. Vom Estragon die Blätter abzupfen und grob zerschneiden, Bärlauch in feine Streifen schneiden.

Estragon und die Hälfte des Bärlauchs mit 1 EL saurer Sahne und Essig pürieren. Übrigen Bärlauch und Sahne unterrühren, mit Salz und Pfeffer würzen. Das Dressing mit Avocado und gegartem Gemüse mischen.

Pro Portion: **210** kcal | **6** g EW | **13** g F | **15** g KH (30 %)

AVOCADO-GRAPEFRUIT-SALAT

Für 2 Portionen

25 Minuten

FÜR DIE BEILAGE:

150 g Rucola
½ Salatgurke
1 Pink Grapefruit
1 Orange
3 Stiele Basilikum
1 reife Avocado
100 g fettarmer Joghurt (1,8 % Fett)
Salz – Pfeffer

Rucola waschen, trocken schütteln und grobe Stiele entfernen. Die Gurke waschen, längs halbieren und die Kerne mit einem Löffel herauskratzen. Das Fruchtfleisch in schmale Scheiben schneiden. Die Zitrusfrüchte jeweils filetieren. Dazu die Schale samt weißer Haut rundherum abschneiden und die Filets aus den Trennhäuten lösen. Austretenden Saft dabei auffangen. Die Filets je nach Größe halbieren oder dritteln.

Für das Dressing den Basilikum waschen, trocken schütteln und die Blätter von den Stielen zupfen. Die Avocado halbieren, Kern und Schale entfernen und das Fruchtfleisch mit Joghurt, 2 EL des Grapefruitsafts, 2–3 EL des Orangensafts und Basilikum fein pürieren. Mit Salz und Pfeffer abschmecken.

Rucola mit Gurke und Zitrusfilets in einer flachen Schale anrichten. Mit etwas Dressing beträufeln. Das restliche Dressing extra dazu servieren.

Pro Portion: **430** kcal | **29** g EW | **31** g F | **8** g KH (7 %)

SPARGEL-GRATIN

MIT SCHINKEN UND SENF-SPIEGELEI

Für 2 Portionen

30 Minuten

FÜR DIE HAUPTZUTAT:

1 TL Öl
2 gehäufte TL grober Dijon-Senf
2 Eier
Salz – Pfeffer

+

FÜR DIE BEILAGE:

Butter für die Form
500 g grüner Spargel
75 g Kochschinken in Scheiben
100 g Kräuter-Frischkäse
Salz – Pfeffer
½ Bund Schnittlauch
25 g Bergkäse

Den Backofen auf 200 °C Ober-/Unterhitze vorheizen und eine flache Auflaufform dünn mit Butter einfetten. Den Spargel waschen, die Enden abschneiden und die Stangen im unteren Drittel schälen. In einem Topf ausreichend Salzwasser zum Kochen bringen, sodass der Spargel knapp bedeckt ist. Den Spargel zugedeckt 5–6 Minuten garen. Aus dem Wasser heben (Wasser aufbewahren) und abtropfen lassen. Je 2–3 Spargelstangen in jede Schinkenscheibe wickeln und die Röllchen dicht an dicht in die Auflaufform legen.

100 ml Spargelkochwasser mit dem Kräuter-Frischkäse glatt rühren. Mit Salz und Pfeffer abschmecken. Den Schnittlauch waschen, trocken schütteln und in feine Röllchen schneiden. Unter die Soße rühren. Den Käse grob reiben. Die Soße über die Spargelröllchen gießen. Den geriebenen Käse darüberstreuen. Im heißen Ofen (Mitte) ca. 20 Minuten gratinieren.

Ca. 5 Minuten vor Ende der Garzeit die Spiegeleier zubereiten. Dazu das Öl in einer beschichteten Pfanne erhitzen. Den Senf in Form von 2 Klecksen mit etwas Abstand in die Pfanne setzen und etwas glatt streichen. Je 1 Ei auf jeden Klecks schlagen. Das Eiweiß mit Salz würzen und die Eier bei nicht zu starker Hitze zu Spiegeleiern backen. Mit Pfeffer würzen und zum Gratin servieren.

SCHAFSKÄSE

CA. 100 G PRO PERSON

Auch „Feta“ genannt: in Salzlake eingelegter Käse, im Regelfall aus Schafsmilch, kann aber auch Ziegen- und Kuhmilch enthalten. Gibt es frisch in der Käsetheke oder abgepackt im Kühlregal (häufig auch fettreduzierte Varianten im Angebot!)

BESTE GARMETHODEN

Feta schmeckt einfach pur am Stück, eventuell mit Kräutern angemacht, oder zerbröckelt (z. B. auf Salat) sehr gut.

Schön cremig wird er, wenn er, leicht mit Öl beträufelt in einer Auflaufform oder in Alufolie gepackt, bei ca. 220 °C (Mitte) für 15–20 Minuten gebacken wird (siehe auch Rezept S. 116). Alternativ in Alufolie als Päckchen verpackt (mit Gewürzen, wenig Öl und Kräutern) für ca. 15 Minuten auf dem Grill gegrillt.

So wird er knusprig: paniert und anschließend in einer beschichteten Pfanne in Öl gebraten (siehe auch Rezept S. 108)

ALTERNATIVE

Halloumi – der aus Zypern stammende halbfeste Käse aus Schafs-, Ziegen- und Kuhmilch behält auch beim Erhitzen seine Form – daher ideal zum Braten (in wenig Öl) in einer beschichteten Pfanne, der Grillpfanne oder zum Grillen.

Pro Person: ca. 50 g

Pro Portion: 250 Kalorien, 22 g Fett, 11 g Eiweiß, 0 g Kohlenhydrate (0 %)

DAS LIEBLINGSREZEPT

FETA-OBATZDA

perfekt zu Salat und Gegrilltem oder Ofengemüse

Für 2 Personen: 250 g Feta mit einer Gabel zerbröseln. Mit **3 EL Joghurt** (1,8 % Fett) verrühren. **½ Knoblauchzehe** dazupressen. **1 Frühlingszwiebel** waschen, trocken schütteln und mit dem Grün in Ringe schneiden. **3 schwarze Oliven** (ohne Stein) fein hacken und ebenfalls untermischen.

4 Stängel Petersilie und **2 Zweige Minze** waschen, trocken schütteln, Blättchen abzupfen, hacken. Alles unter die Fetamasse mischen und mit **Salz, Pfeffer** und **⅓ TL gemahlenem Kreuzkümmel** und nach Wunsch **2 Msp. Chiliflocken** würzen.

PRO PORTION
235 Kalorien | 17 g Eiweiß | 19 g Fett | 0 g Kohlenhydrate (0 %)

Pro Portion: **625** kcal | **33** g EW | **45** g F | **21** g KH (13 %)

ANTIPASTITELLER
MIT PANIERTEM FETA

Für 2 Portionen

45 Minuten

FÜR DIE HAUPTZUTAT:

200 g Feta
1 Ei
25 g gemahlene Haselnusskerne
1 Msp. Paprikapulver edelsüß
1 EL Olivenöl

+

FÜR DIE BEILAGE:

1 rote Paprikaschote
1 Fenchelknolle
200 g Champignons
1 kleine Zucchini
2 Zweige Rosmarin
1 Knoblauchzehe
3 EL Olivenöl
Salz – Pfeffer
1 EL Kokosblütenzucker
25 ml Weißweinessig

Backofengrill vorheizen. Paprika halbieren, entkernen und waschen. Die Hälften mit der Wölbung nach oben auf ein Backblech legen und unter den heißen Backofengrill schieben. Ca. 10 Minuten rösten, bis die Haut Blasen wirft. Aus dem Ofen nehmen, sofort mit einem feuchten Tuch bedecken und auskühlen lassen.

Inzwischen den Fenchel waschen, halbieren und in nicht zu breite Spalten schneiden. Pilze säubern, putzen und je nach Größe halbieren oder vierteln. Die Zucchini waschen, putzen, längs halbieren und in schmale Scheiben schneiden. Den Knoblauch schälen und fein würfeln. Rosmarin waschen und trocken schütteln. Die Nadeln von den Stielen streifen und hacken. Die Paprika häuten und in ca. 1 cm breite Streifen schneiden.

Das Öl in einer großen Pfanne erhitzen. Erst Fenchel und Paprika, dann die Zucchini und zum Schluss die Pilze unter Wenden jeweils ca. 5 Minuten alleine anbraten und aus der Pfanne nehmen. Anschließend alles zusammen in die Pfanne geben, Knoblauch und Rosmarin zufügen. Das Gemüse in eine flache Schale oder Auflaufform geben und mit Salz und Pfeffer würzen.

Den Kokosblütenzucker in der Pfanne bei nicht zu starker Hitze schmelzen. Den Essig und 25 ml Wasser angießen und den Karamell loskochen. 3–4 Minuten köcheln lassen. Die Marinade über das Gemüse gießen und für mindestens 20 Minuten durchziehen lassen.

Inzwischen den Feta in ca. 6 dünne Scheiben schneiden. Das Ei verquirlen. Die Nüsse mit dem Paprikapulver mischen. Die Fetascheiben erst in Ei und schließlich in den Nüssen wenden. Das Öl in einer beschichteten Pfanne erhitzen, Fetascheiben darin pro Seite 2–3 Minuten braten, auf Küchenpapier abtropfen lassen und mit dem Gemüse servieren.

TIPP

Das Gemüse hält sich abgedeckt im Kühlschrank mindestens 5 Tage – es lohnt sich also, gleich die doppelte Menge zu machen.

Pro Portion: **235** kcal | **10** g EW | **11** g F | **24** g KH (40 %)

STECKRÜBEN-LINSEN-PÜREE

MIT TÜRKISCHER BUTTER

Für 2 Portionen

25 Minuten

FÜR DIE BEILAGE:

1 Steckrübe (ca. 400 g)
1 dicke Möhre
4 EL rote Linsen
200 ml Gemüsebrühe
Salz – Pfeffer
1 kleines Bund Petersilie
20 g Butter
1 Knoblauchzehe
½ TL Paprikapulver edelsüß
¼ TL gemahlener Kreuzkümmel

Die Steckrübe und Möhre schälen und putzen. Die Steckrübe in ca. 1 cm große Würfel schneiden. Die Möhre längs halbieren und in dünne Scheiben schneiden. Beides mit den Linsen und der Brühe in einen Topf geben und bei mittlerer Hitze zugedeckt in ca. 20 Minuten weich garen. Dabei ab und zu umrühren, erst am Ende salzen und pfeffern.

Währenddessen die Petersilie waschen, trocken schütteln, Blättchen abzupfen und grob hacken. Kurz vor Garzeitende die Butter in einem Pfännchen schmelzen. Knoblauch schälen und hineinpressen. Paprika- und Kreuzkümmelpulver einrühren und unter Rühren aufschäumen lassen, leicht salzen.

Das Gemüse abgießen, dabei die Brühe auffangen. Gemüse und Linsen kurz auf der noch warmen Herdplatte ausdampfen lassen, dann mit dem Pürierstab oder mit dem Kartoffelstampfer nach Wunsch mehr oder weniger stark pürieren bzw. klein stampfen. Die Petersilie untermischen. Auf zwei Teller verteilen und mit der türkischen Butter übergießen.

Pro Portion: **230** kcal | **18** g EW | **11** g F | **16** g KH (29 %)

HASSELBACK-ZUCCHINI

MIT PESTO-QUARK

Für 2 Portionen

35 Minuten

FÜR DIE BEILAGE:

2 mittelgroße Zucchini
50 g getrocknete Tomaten in Öl
Salz
150 g Magerquark
2 EL grünes Pesto (Glas)
Pfeffer
1 EL geröstete Pinienkerne

Den Backofen auf 220 °C Ober-/Unterhitze vorheizen. Den Backofenrost mit Backpapier belegen. Die Zucchini waschen, trocken reiben und dicht an dicht quer ein-, aber nicht durchschneiden. Auf den Rost legen. 2 EL vom Tomatenöl mit etwas Salz verrühren und über die Zucchini träufeln. Im heißen Backofen (Mitte) ca. 30 Minuten backen. Dabei nach ca. 15 Minuten den Rost auf die obere Einschubleiste schieben und die letzten ca. 5 Minuten den Backofengrill zuschalten.

Inzwischen die Tomaten gut abtropfen lassen und klein würfeln. Den Quark mit dem Pesto glatt rühren. Die Tomaten unterrühren, mit Salz und Pfeffer abschmecken und mit Pinienkernen bestreuen. Die Hasselback-Zucchini mit dem Pesto-Tomaten-Quark servieren.

STECKRÜBEN-LINSEN-PÜREE
HASSELBACK-ZUCCHINI

GRÜNES OFENGEMÜSE

ROTE SPINAT-LINSEN
SCHNELLES RATATOUILLE

Pro Portion: **260** kcal | **10** g EW | **16** g F | **14** g KH (20 %)

GRÜNES OFENGEMÜSE

Für 2 Portionen

30 Minuten

FÜR DIE BEILAGE:

1 kleiner Brokkoli (ca. 300 g)
250 g grüner Spargel
1 Zucchini
1 rote Zwiebel
1 Knoblauchzehe
3 Zweige (Zitronen-)Thymian
3–4 EL Olivenöl
2 EL Ouzo (Anisaperitif)
1 Bio-Zitrone
Salz – Pfeffer

Den Backofen auf 220 °C Ober-/Unterhitze vorheizen. Brokkoli waschen, putzen und in Röschen teilen, sehr große Röschen kleiner schneiden. Spargel waschen, holzige Enden wegschneiden und sehr dicke Stangen unten schälen. Die Stangen in ca. 5 cm lange Stücke schneiden. Zucchini waschen, längs halbieren und jede Hälfte jeweils dritteln und dann ebenfalls in 5 cm lange Stücke schneiden.

Zwiebel schälen, längs halbieren und in ca. 5 mm dicke Spalten schneiden. Knoblauch schälen und fein würfeln, Thymian waschen, trocken schütteln, Blättchen abzupfen und fein hacken. Beides mit Olivenöl und Ouzo mischen. Zitrone heiß abwaschen, abtrocknen und halbieren. Von 1 Hälfte die Schale fein abreiben und den Saft auspressen. ½ TL Schale und 3 EL Saft unter das Öl schlagen.

Gemüse und Zwiebel mit dem Würzöl in eine ofenfeste Form geben und gründlich mischen, salzen und pfeffern. Im heißen Ofen (Mitte) 20–25 Minuten garen, dabei zwischendurch einmal durchrühren. Die übrige Zitronenhälfte halbieren und zum Beträufeln dazu servieren.

Pro Portion: **230** kcal | **14** g EW | **7** g F | **26** g KH (45 %)

ROTE SPINAT-LINSEN

Für 2 Portionen

25 Minuten

FÜR DIE BEILAGE:

1 kleine Zwiebel
100 g Baby-Spinat
1 EL Öl
100 g geschälte rote Linsen
1 EL Crème légere
Salz – Pfeffer

Die Zwiebel schälen und fein würfeln. Den Spinat waschen, trocken schütteln und grob hacken. Das Öl in einem Topf erhitzen. Die Zwiebel darin anschwitzen. Die Linsen zugeben und unter Wenden kurz mitbraten. 400 ml Wasser angießen, aufkochen und ca. 10 Minuten bei kleiner bis mittlerer Hitze köcheln lassen.

Den Spinat unter die Linsen rühren und zugedeckt ca. 2 Minuten garen, bis er zusammengefallen ist. Die Spinat-Linsen vom Herd nehmen, Crème légère einrühren. Mit Salz und Pfeffer abschmecken.

Pro Portion: **410** kcal | **12** g EW | **18** g F | **47** g KH (46 %)

SCHNELLES RATATOUILLE

Für 2 Portionen

20 Minuten

FÜR DIE BEILAGE:

1 kleine Zwiebel
1 Knoblauchzehe
je ½ Aubergine, Zucchini und gelbe Paprikaschote
4 mittelgroße Tomaten
je 2 Zweige Thymian und Rosmarin
3 EL Olivenöl
Salz – Pfeffer

Die Zwiebel und den Knoblauch schälen und fein würfeln. Das Gemüse waschen und putzen. Die Aubergine in Würfel schneiden, die Zucchini längs halbieren und in dünne Scheiben schneiden, die Paprika in schmale Streifen schneiden. Die Tomaten waschen und grob würfeln, den Strunk dabei jeweils entfernen. Die Kräuter waschen, trocken schütteln und die Blättchen bzw. Nadeln fein hacken.

Das Öl in einem Topf erhitzen. Die Zwiebel darin anschwitzen, Knoblauch und Gemüse, bis auf die Tomaten, zugeben und unter Wenden ca. 5 Minuten andünsten. Die Tomaten und die Kräuter zugeben, alles gut durchrühren, aufkochen, mit Salz und Pfeffer würzen und bei kleiner Hitze zugedeckt ca. 10 Minuten schmoren. Dabei ab und zu umrühren und nach Bedarf noch einen Schuss Wasser zugießen. Nochmals mit Salz und Pfeffer abschmecken und servieren.

Pro Portion: **520** kcal | **24** g EW | **40** g F | **15** g KH (12 %)

SOMMERSALAT

MIT BASILIKUM UND KÄSE AUS DEM OFEN

Für 2 Portionen

25 Minuten

FÜR DIE HAUPTZUTAT:

2 Scheiben Feta (à 100 g)
30 g getrocknete, in Öl eingelegte Tomaten
4 schwarze Oliven (ohne Stein)
1 rote Zwiebel
1 TL getrockneter Oregano
Pul Biber oder Chiliflocken (nach Belieben)

+

FÜR DIE BEILAGE:

1 EL Pinienkerne
1 Mini-Gurke
400 g bunte Tomaten
1 Bund Radieschen
1 Bund Rucola
1 Bund Basilikum
Salz – Pfeffer
3 EL Rotweinessig
3 EL Olivenöl

Den Backofen auf 180 °C Ober-/Unterhitze vorheizen, inzwischen Pergamentpapier zu zwei Bögen (à ca. 25 x 30 cm) zurechtschneiden. Den Feta trocken tupfen. Die getrockneten Tomaten fein hacken, die Oliven in Ringe schneiden. Zwiebel schälen, längs halbieren und längs in ganz feine Streifen schneiden und auf dem Backpapier mittig auslegen. Darauf je 1 Scheibe Feta legen.

Den Feta mit Oregano und nach Wunsch 2–3 Msp. Pul Biber bestreuen, dann die Oliven und Tomaten darauf verteilen. Das Backpapier über dem Käse zusammenfalten, dabei die langen Enden wie bei einem Bonbon zusammendrehen. Auf ein Blech legen und im heißen Ofen (Mitte) in 15–20 Minuten garen.

Währenddessen die Pinienkerne in einer Pfanne ohne Fett rösten, bis sie leicht bräunen, herausnehmen und abkühlen lassen. Gurke waschen, putzen und längs vierteln. Die Viertel quer in dicke Stücke schneiden. Tomaten waschen und quer in Scheiben schneiden, dabei den Stielansatz entfernen. Radieschen waschen, putzen und in Scheiben schneiden. Rucola waschen, trocken schütteln, grobe Stiele wegschneiden, die Blätter in ca. 2 cm breite Stücke schneiden. Basilikum waschen, trocken schütteln, Blättchen abzupfen und grob zerzupfen.

Die Tomatenscheiben auf einem Teller auslegen, salzen und pfeffern. Essig mit Öl verrühren, salzen und pfeffern und mit Gurke, Radieschen und Rucola mischen. Basilikum vorsichtig unterheben und alles auf den Tomaten verteilen. Mit den Pinienkernen bestreuen. Den Feta aus dem Ofen nehmen, vorsichtig auspacken und mit den Zwiebeln zum Salat servieren.

Pro Portion: **220** kcal | **6** g EW | **16** g F | **11** g KH (20 %)

ZUCCHINI-NUDELN
MIT TOMATEN-DRESSING

Für 2 Portionen

25 Minuten

FÜR DIE BEILAGE:

2 Frühlingszwiebeln
3 TL Weißweinessig
2 mittelgroße Zucchini
Salz
150 g Kirschtomaten
½ Bund Basilikum
2 reife Tomaten (ca. 100 g)
1 kleine Knoblauchzehe
Pfeffer – 3 EL Olivenöl

Für das Dressing die Frühlingzwiebeln putzen, waschen und den weißen Teil fein würfeln. Mit dem Essig verrühren und ca. 15 Minuten ziehen lassen.

Zucchini waschen, trocken reiben und die Enden entfernen. Dann mit einem Spiralschneider zu „Spaghetti" schneiden. Mit etwas Salz bestreuen. Kirschtomaten waschen, trocken reiben und halbieren. Basilikum waschen, trocken schütteln und die Blätter von den Stielen zupfen. In feine Streifen schneiden. Das Frühlingszwiebelgrün in feine Ringe schneiden. Zucchini-Nudeln zusammen mit den Kirschtomaten, dem Basilikum und dem Frühlingszwiebelgrün in eine Schüssel geben.

Tomaten waschen, trocken tupfen und auf einer Küchenreibe zu den Frühlingszwiebeln hobeln, sodass die Haut übrig bleibt. Knoblauch schälen und durch eine Knoblauchpresse zum Dressing pressen. Das Öl zugießen und unterschlagen. Alles mit Salz und Pfeffer abschmecken und über die Zucchini-Nudeln gießen.

Pro Portion: **190** kcal | **5** g EW | **11** g F | **18** g KH (38 %)

ROTE-BETE-KICHERERBSEN-SALAT

Für 2 Portionen

10 Minuten

FÜR DIE BEILAGE:

300 g vorgegarte Rote Bete (vakuumverpackt)
1 kleine rote Zwiebel
100 g Babyspinat – 2 Zweige Minze
100 g abgetropfte Kichererbsen (aus der Dose)
1 Mandarine
½ TL Kokosblütenzucker
½ TL gemahlener Kreuzkümmel
je 3 Msp. Zimt- und Chilipulver
Salz – Pfeffer – 2 EL Olivenöl

Die Rote Bete in kleine Würfel schneiden. Die Zwiebel schälen, längs halbieren und quer in halbe Ringe schneiden. Den Babyspinat waschen und trockenschleudern. Die Minze waschen, trocken schütteln, Blätter abzupfen und in feine Streifen schneiden.

Die Kichererbsen in ein Sieb geben, kalt abbrausen und abropfen lassen. Die Mandarine auspressen. Den Saft mit Kokosblütenzucker, Kreuzkümmel, Zimt- und Chilipulver mischen, salzen und pfeffern. Dann das Olivenöl kräftig unterschlagen und die Minze unterrühren. Alle Zutaten vorsichtig mit dem Dressing mischen und den Salat auf zwei Teller anrichten. Dazu passt z. B. fein zerbröckelter Feta, oder noch besser gebratener Halloumi (siehe Seite 106).

ZUCCHINI-NUDELN MIT TOMATEN-DRESSING
ROTE-BETE-KICHERERBSENSALAT

Pro Portion: **560** kcal | **23** g EW | **49** g F | **5** g KH (3 %)

SPINAT-OMELETT
MIT GRILLKÄSE

Für 2 Portionen

25 Minuten

FÜR DIE HAUPTZUTAT:

100 g Halloumi
2 Zweige Thymian
1 TL Olivenöl

+

FÜR DIE BEILAGE:

1 kleine Zwiebel
1 kleine Knoblauchzehe
200 g Babyspinat
3 TL Olivenöl
200 g Kirschtomaten
2 Eier
Salz – Pfeffer

Den Halloumi in schmale Scheiben schneiden. Den Thymian waschen, trocken schütteln und die Blätter von den Stielen streifen. Mit dem Öl mischen und den Käse damit beträufeln. Ziehen lassen, bis der Spinat fertig ist.

Für den Spinat die Zwiebel und den Knoblauch schälen und fein würfeln. Den Spinat waschen und abtropfen lassen. 1 TL Öl in einem Topf erhitzen. Die Zwiebel und den Knoblauch darin anschwitzen. Den Spinat zugeben und unter Wenden ca. 2 Minuten dünsten, bis er zusammengefallen ist. Die Tomaten waschen und zum Spinat in die Pfanne geben. Alles zusammen weitere ca. 3 Minuten braten. Mit Salz und Pfeffer abschmecken, zur Seite stellen.

Den Käse in einer beschichteten Pfanne (26 cm Ø) pro Seite 2–3 Minuten braten, herausnehmen. Die Pfanne auswischen.

Die Eier mit 1 TL Öl und 1 TL Wasser verquirlen. Mit Salz und Pfeffer würzen. 1 TL Öl in der Pfanne erhitzen und die Hälfte der Eiermasse hineingeben. Durch Schwenken in der Pfanne verteilen und in ca. 1 Minute stocken lassen, wenden und kurz weiterbraten, dann herausnehmen. Ebenso mit dem zweiten Omelett verfahren.

Den Spinat, die Tomaten und die Käsescheiben auf der Mitte der Omeletts verteilen. Die Omelett-Seiten jeweils zur Mitte über die Füllung klappen. Die vordere Seite ebenfalls über die Füllung klappen und alles zur hinteren Seite hin aufrollen. Die beiden Wraps in die Pfanne legen, Deckel auflegen und alles 2–3 Minuten erhitzen, sodass der Käse etwas schmilzt.

TOFU

1 STÜCK | CA. 150 G PRO PERSON

Aus Sojabohnen hergestellt, ist Tofu die pflanzliche Proteinalternative für Vegetarier. Erhältlich ist der „Sojabohnenquark“ in weicher cremiger Form (Seidentofu) oder in gepresster fester Form.

FEINE ALTERNATIVEN

Tofu gibt's auch in leckeren Varianten, z.B. Räuchertofu, Curry-, Tomaten-, Kräuter-, Nusstofu – Achtung: hier unbedingt auf den veränderlichen Fettanteil achten!

GENAUSO GUT – TEMPEH

Aus fermentierten Sojabohnen – im Geschmack nussig, herb, leicht an Weißschimmelkäse erinnernd – schmeckt am besten frittiert, gebraten oder gegrillt (dazu ähnlich wie Tofu mit Kräutern oder Gewürzen marinieren).

IDEALE ZUBEREITUNGSARTEN

Tofu schmeckt frisch im Ganzen oder zerbröckelt (z. B. auf Salat) – am besten mit Kräutern oder Gewürzmischungen gut angemacht oder mariniert.

So wird er schön knusprig: vorher gut trockengetupft, dann in reichlich Öl goldbraun gebraten – auch mit Panade (siehe Rezept Seite 134) oder frittiert.

Deutlich fettärmer in der Zubereitung ist das Garen im Ofen (siehe Rezept rechts).

Bei allen Zubereitungsarten gilt: Da Tofu eher neutral schmeckt, verträgt er reichlich Würze!

DAS LIEBLINGSREZEPT

OFENTOFU

Fettärmer als frittiert

Für 2 Personen: 300 g Tofu gut zwischen Küchenpapier ausdrücken und in ca. 1,5 cm große Würfel schneiden. **1 Knoblauchzehe** schälen und durchpressen, **15 g Ingwer** schälen und fein reiben. Beides mit **1 EL Weißweinessig, 2 EL Sojasoße, ½ TL Chilisoße** (z. B. Sriracha) und **1 EL Bratöl** in einem Gefrierbeutel mischen. Tofu hineingeben, alles durchmischen und 6 Stunden (oder über Nacht) ziehen lassen. Marinierten Tofu in ein Sieb abgießen, abtropfen lassen. Auf einem mit Backpapier ausgelegten Blech verteilen und bei 180 °C Ober-/Unterhitze im heißen Ofen (Mitte) 20–25 Minuten backen, dabei einmal wenden.

PRO PORTION

215 Kalorien | 24 g Eiweiß | 13 g Fett | 1 g Kohlenhydrate (2 %)

Pro Portion: **565** kcal | **40** g EW | **38** g F | **20** g KH (14 %)

GRÜNES CURRY
MIT GEBRATENEM TEMPEH

Für 2 Portionen

35 Minuten

FÜR DIE HAUPTZUTAT:

300 g Tempeh
3 EL Sojasoße
1 EL Öl zum Braten

+

FÜR DIE BEILAGE:

250 g grüner Spargel
1 Zucchini
1 gelbe Paprikaschote
1 EL Bratöl
1 EL grüne Thai-Currypaste
100 ml Kokosmilch (aus der Dose)
300 ml Gemüsebrühe
6 Kaffir-Limettenblätter (aus dem Asienladen)
1 EL Sojasoße – Salz
100 g Sojabohnensprossen
2 EL Limettensaft
Kokosblütenzucker
2 EL gehacktes Koriandergrün (zum Bestreuen, nach Belieben)

Den Tempeh in ca. 1 cm große Streifen oder Würfel schneiden. Mit der Sojasoße mischen und darin ziehen lassen. Währenddessen das gesamte Gemüse waschen und putzen. Vom Spargel die unteren holzigen Enden eventuell schälen, die Stangen schräg in ca. 3 cm lange Stücke schneiden. Die Zucchini in 5 mm dicke Scheiben und die Paprika in 2 cm große Stücke schneiden.

Das Öl in einem Topf oder Wok erhitzen, darin die Spargelstücke unter Rühren 4–5 Minuten anbraten. Currypaste und 3 EL Kokosmilch zugeben und unter Rühren mitrösten, bis alle Flüssigkeit verdunstet ist und die Paste die Farbe verändert, dann mit Kokosmilch und Brühe ablöschen. Kaffir-Limettenblätter, Sojasoße und übriges Gemüse zugeben, salzen und zugedeckt bei mittlerer Hitze 10–15 Minuten garen.

In der Zwischenzeit die Sprossen in ein Sieb geben und kalt abbrausen. Den Tempeh leicht trocken tupfen und das Bratöl in einer beschichteten Pfanne erhitzen. Darin den Tempeh bei mittlerer bis großer Hitze in 4–5 Minuten rundherum schön braun und knusprig braten. Dann aus der Pfanne nehmen und auf Küchenpapier abtropfen lassen.

Die Sprossen unter das Gemüsecurry mischen und in 2–3 Minuten garen, Tempeh zugeben und nochmals heiß werden lassen. Das Curry mit Limettensaft, 2 Prisen Zucker und eventuell nochmals Salz abschmecken.

Pro Portion: **365** kcal | **11** g EW | **26** g F | **21** g KH (23 %)

GEMÜSE-NUDELN
IN ERDNUSSSOSSE

Für 2 Portionen

25 Minuten

FÜR DIE BEILAGE:
2 Zucchini – 1 dicke Möhre
3 Stangen Staudensellerie
1 kleine Zwiebel
200 ml Kokosmilch (aus der Dose)
½ TL rote thailändische Currypaste
200 ml Gemüsebrühe
6 Kaffir-Limettenblätter
2 EL Fischsoße – 1 EL Erdnussmus
½ TL Kokosblütenzucker
2–3 EL Limettensaft

Die Zucchini waschen, putzen, die Möhre schälen und beides auf dem Spiralschneider in dünne Spiralen hobeln. Staudensellerie waschen, putzen, das Grün beiseitelegen und die Stangen schräg in schmale Streifen schneiden. Zwiebel schälen, längs halbieren und in dünne Spalten schneiden.

2 EL Kokosmilch und die Currypaste in einen Topf geben, unter Rühren erhitzen, bis die Flüssigkeit verdampft ist, dabei aufpassen, dass nichts anbrennt. Mit Kokosmilch und Brühe ablöschen. Kaffir-Limettenblätter, Sellerie und Fischsoße zugeben und bei mittlerer Hitze 5 Minuten garen.

Erdnussmus und Gemüse-Nudeln unterrühren und offen weitere 10–12 Minuten garen. Am Ende mit Kokosblütenzucker und Limettensaft abschmecken. Etwas Staudenselleriegrün fein hacken und darüberstreuen. Tofu einfach so in der Soße miterhitzen oder Ofentofu (siehe Seite 123) einlegen.

Pro Portion: **195** kcal | **6** g EW | **8** g F | **22** g KH (45 %)

REGENBOGENSALAT

Für 2 Portionen

20 Minuten

FÜR DIE BEILAGE:
200 g Rotkohl
1 Zitrone – Salz
1 dicke Möhre – 1 Gelbe Bete
1 rote Spitzpaprika
2 Stangen Staudensellerie
1 Orange – 2 EL Miso
2 ½ EL Tahin (Sesampaste)
1 EL Olivenöl – Pfeffer
¾ – 1 TL asiatische Chilisoße
(z. B. Sriracha)

Den Rotkohl waschen, putzen, den Strunk keilförmig herausschneiden und den Kohl auf der Küchenreibe fein hobeln oder sehr fein schneiden. Die Zitrone halbieren und den Saft auspressen. 1 EL Zitronensaft mit dem Kohl und 1 guten Prise Salz kräftig verkneten, bis der Kohl weich ist.

Möhre und Gelbe Bete schälen, putzen und mit dem Spiralschneider in dünne Streifen hobeln, diese kürzer schneiden. Paprika halbieren, entkernen, waschen und quer in dünne Streifen schneiden. Sellerie waschen, putzen und die Stangen schräg in dünne Stücke schneiden.

Orangensaft auspressen und mit übrigem Limettensaft, Miso, Tahin und Öl glatt verrühren, dabei 2–3 EL Wasser unterrühren, bis ein dickflüssiges Dressing entstanden ist. Mit Salz, Pfeffer und Chilisoße pikant abschmecken und mit den Salatzutaten mischen. Kurz ziehen lassen und dann servieren.

GEMÜSE-NUDELN
REGENBOGENSALAT

KNACKIGES WOK-GEMÜSE

SCHARFER ASIA-BROKKOLI
GESCHMORTE OFENTOMATEN

Pro Portion: **145** kcal | **6** g EW | **7** g F | **12** g KH (33 %)

KNACKIGES WOK-GEMÜSE

Für 2 Portionen

20 Minuten

FÜR DIE BEILAGE:

10 g frischer Ingwer
1 Knoblauchzehe
2 Frühlingszwiebeln
6 Shiitake-Pilze
2 dicke Möhren
3 Pak Choi (à ca. 120 g)
Salz
3 EL Sojasoße
½ – ¾ TL Chilisoße (z. B. Sriracha)
75 ml Gemüsebrühe
1 EL Öl
Pfeffer

Ingwer und Knoblauch schälen und fein hacken. Frühlingszwiebeln waschen, putzen, den weißen Teil in ca. 2 cm lange Stücke schneiden, das Grün in feine Ringe. Shiitake-Pilze sauber reiben, Stiel entfernen und die Hüte in 5 mm dicke Streifen schneiden. Möhren schälen, putzen, längs halbieren und die Hälften schräg in dünne Scheiben schneiden.

Pak Choi waschen und vierteln, dabei darauf achten, dass die Blätter nicht auseinanderfallen. Ausreichend Wasser in einem Topf aufkochen, salzen und darin den Pak Choi 1 Minute garen, in ein Sieb abgießen, kalt abbrausen und abtropfen lassen. Sojasoße, Chilisoße und Brühe verrühren.

In einem Wok das Öl erhitzen, darin weiße Zwiebelstücke und Möhren unter Rühren 2–3 Minuten anbraten. Ingwer, Knoblauch, Shiitake und Pak Choi zugeben und 2 Minuten mitbraten. Alles mit Würzbrühe ablöschen und 1–2 Minuten bei mittlerer Hitze köcheln lassen. Mit Salz und Pfeffer abschmecken, dann mit grünen Zwiebelringen bestreuen und auf zwei Teller verteilen.

Pro Portion: **130** kcal | **2** g EW | **11** g F | **7** g KH (22 %)

GESCHMORTE OFENTOMATEN

Für 2 Portionen

25 Minuten

FÜR DIE BEILAGE:

500 g Mini-Strauchtomaten
2 EL Olivenöl
1–2 TL Weißweinessig
Kokosblütenzucker
Salz
1 Zweig Rosmarin

Den Backofen auf 200 °C Ober-/Unterhitze vorheizen. Die Tomaten waschen und trocken tupfen. In eine Auflaufform legen.

Das Öl mit dem Essig, 1 Prise Kokosblütenzucker und etwas Salz verrühren. Den Rosmarin waschen, trocken schütteln, die Nadeln vom Zweig streifen und fein hacken. Unter die Öl-Mischung rühren und diese über die Tomaten träufeln.

Die Tomaten im heißen Ofen (Mitte) ca. 20 Minuten backen, bis sie aufplatzen.

Pro Portion: **235** kcal | **16** g EW | **12** g F | **15** g KH (26 %)

SCHARFER ASIA-BROKKOLI

Für 2 Portionen

30 Minuten

FÜR DIE BEILAGE:

600 g Brokkoli
1 Limette
½ TL Ahornsirup (wahlweise Honig)
2 ½ EL Sojasoße
4 EL Erdnussmus
2 TL Chilisoße (z. B. Sriracha)
Salz – Pfeffer

Den Backofen auf 220 °C Ober-/Unterhitze vorheizen, ein Blech mit Backpapier auslegen. Brokkoli waschen und putzen, den Stiel schälen und in ca. 4 cm lange und 1 cm dicke Stifte schneiden. Den oberen Teil in kleine Röschen brechen, große Röschen in knapp 1 cm breite Stücke schneiden.

Die Limette halbieren und auspressen. 4–5 EL Saft mit Ahornsirup, Sojasoße, Erdnussmus und Chilisoße (lieber erst weniger nehmen und eventuell am Ende nach Belieben mehr zugeben) verrühren. Die Paste dann mit ca. 8 EL Wasser zähflüssig verrühren, mit Salz, Pfeffer und eventuell noch etwas Limettensaft abschmecken.

Die Erdnusspaste in einen tiefen Teller geben und den Brokkoli darin wenden und gut in die Paste drücken, bis er rundherum überzogen ist. Die Brokkolistücke flach mit etwas Abstand zueinander auf dem Blech verteilen. Im heißen Ofen (Mitte) ca. 20–25 Minuten garen, dabei einmal wenden bzw. durchrühren. Idealerweise hierzu einfach Ofentofu (siehe Seite 123) gleich mit auf dem Blech zubereiten.

Pro Portion: **330** kcal | **11** g EW | **24** g F | **17** g KH (20 %)

CURRY-KOKOS-KOHL

Für 2 Portionen

25 Minuten

FÜR DIE BEILAGE:

4 EL Kokosraspel
600 g Spitzkohl
1 Zwiebel
10 g frischer Ingwer
2 EL Butterschmalz
80 g TK-Erbsen
1 TL Currypulver
½ TL gemahlener Kreuzkümmel
2 Msp. Chiliflocken (nach Belieben)
Salz – Pfeffer

Die Kokosraspel in ein Schälchen geben, mit 125 ml kochendem Wasser übergießen und quellen lassen. Inzwischen den Spitzkohl halbieren, den Strunk herausschneiden und den Kohl quer in ca. 5 mm breite Streifen schneiden. Die Zwiebel schälen, längs halbieren und längs in schmale Streifen schneiden. Den Ingwer schälen und fein würfeln.

Das Butterschmalz in einem Wok oder einer beschichteten Pfanne erhitzen. Die Zwiebel darin goldgelb anschwitzen. Kohl, gefrorene Erbsen und Ingwer dazugeben und unter Rühren 3 Minuten anbraten. Currypulver und Kreuzkümmel darüberstäuben, einmal durchrühren und kurz anrösten, dann Kokosraspel samt Einweichwasser unterrühren.

Den Kohl mit Chiliflocken, Salz und Pfeffer würzen und zugedeckt bei mittlerer Hitze 8–10 Minuten garen, dann nochmals offen 2–3 Minuten garen, dabei sollte ein Großteil der Flüssigkeit verdunsten.

Pro Portion: **410** kcal | **8** g EW | **28** g F | **8** g KH (8 %)

GRÜNKOHL-KOKOS-CURRY

Für 2 Portionen

35 Minuten

FÜR DIE BEILAGE:

1 Zwiebel
2 Knoblauchzehen
1 walnussgroßes Stück Ingwer
2 Möhren
200 g geputzter Grünkohl
2 EL Öl – 1 TL Kurkumapulver
½ TL gemahlener Kreuzkümmel
½ TL gemahlener Koriander
1 TL braune Senfsaat
1 kleine Dose Kokosmilch (270 g)
Salz – Pfeffer
2–3 TL Zitronensaft

Zwiebel und Knoblauch schälen und fein würfeln. Ingwer schälen und ebenfalls fein würfeln. Möhren putzen, schälen und schräg in ca. 1 cm dicke Scheiben schneiden. Grünkohl waschen und den Kohl in grobe Stücke schneiden.

Öl in einem Topf erhitzen. Zwiebel darin unter Wenden anschwitzen. Möhren, Knoblauch und Ingwer zugeben, 2–3 Minuten anbraten. Die Gewürze einrühren, kurz anrösten, dann 150 ml Wasser angießen. Grünkohl zugeben. Alles aufkochen und zugedeckt ca. 25 Minuten köcheln lassen, ab und zu umrühren.

Die Kokosmilch zugießen und das Curry ohne Deckel weitere ca. 5 Minuten köcheln lassen. Mit Salz, Pfeffer und Zitronensaft abschmecken.

CURRY-KOKOS-KOHL
GRÜNKOHL-KOKOS-CURRY

Pro Portion: **570** kcal | **37** g EW | **33** g F | **31** g KH (21 %)

KOHL SÜSS-SAUER
MIT KOKOS-TOFU

Für 2 Portionen

25 Minuten

FÜR DIE HAUPTZUTAT:

300 g Tofu Natur
Salz
ca. 25 g Kokosraspel
1 EL Öl

+

FÜR DIE BEILAGE:

1 kleine Stange Lauch
1 Möhre
½ kleiner Weiß- oder Spitzkohl (600 g)
1 Stück Ingwer
100 g Ananasstückchen (aus der Dose, ungezuckert)
50 ml Orangensaft
50 ml Gemüsebrühe
25 g Cashewkerne
1 TL Öl
1 TL Sambal Oelek
3 EL Sojasoße

Für den Weißkohl den Lauch putzen, gründlich waschen, längs halbieren und in feine Scheiben schneiden. Die Möhre putzen, schälen, längs halbieren und in dünne Stifte schneiden. Den Weißkohl putzen, waschen, halbieren und in feinen Streifen vom Strunk schneiden oder hobeln. Den Ingwer schälen und fein würfeln. Die Ananas abgießen, die Flüssigkeit dabei auffangen und mit Orangensaft, Brühe und Wasser auf 250 ml auffüllen.

Die Cashewkerne in einem weiten Topf ohne Fett anrösten, bis sie duften, herausnehmen. Das Öl in dem Topf erhitzen. Den Lauch und die Möhren darin unter Wenden 2–3 Minuten anschwitzen. Den Kohl und den Ingwer zugeben und unter Wenden weitere ca. 5 Minuten anbraten. Das Sambal Oelek einrühren, dann die Flüssigkeit und die Sojasoße angießen, aufkochen und zugedeckt bei mittlerer Hitze ca. 10 Minuten schmoren. Nach der Hälfte der Garzeit die Ananasstücke zugeben und mitschmoren.

Inzwischen einen tiefen Teller mit einer Lage Küchenpapier auslegen. Den Tofu darauflegen, mit einer weiteren Lage Küchenpapier belegen und mit einem schweren Topf daraufdrücken, sodass möglichst viel Flüssigkeit aus dem Tofu gedrückt wird. Tofu trocken tupfen und in ca. 1 cm dicke Scheiben schneiden, leicht salzen. Kokosraspel auf einen flachen Teller geben. Tofuscheiben darin wälzen. Das Öl in einer beschichteten Pfanne erhitzen. Tofu darin portionsweise bei mittlerer Hitze pro Seite 2–3 Minuten braten. Den Weißkohl eventuell mit Salz abschmecken und mit dem Tofu servieren.

	STEAK	SCHNITZEL	HUHN	LACHS	GARNELE	EI	FETA	TOFU
Grünes Gemüse (S. 18)	++	+	+	++	+			+
Zucchini-Pommes (S. 22)	++	++	++	++	++	+	+	+
Zucchini-Nudeln (S. 22)	++	+	+	++	+	+	+	+
„Bratkartoffeln“ (S. 23)	++	++	++	+	+	++	+	+
Parmesan-Lauch (S. 23)	++	++	+					
Blumenkohl (S. 24)	++	+	+	+	+	+	+	+
Mexiko-Gemüse (S. 26)	++	+	+			+		+
Fried Rice (S. 26)	++	++	+			+	+	+
„Herzoginkartoffeln“ (S. 28)	++	++	+	++	+			
„Kartoffelgratin“ (S. 28)	++	++	++	+	+			
Gefüllte Pilze (S. 30)	++	++	+			+		
Auberginen-Tomaten-Gratin (S. 30)	++	++	++				+	+
Rosenkohlsalat (S. 34)	++	++	+	+	+	++	+	+
Bohnensalat (S. 34)	++	++	++			+	+	+
„Kartoffelsalat“ (S. 36)	++	++	+	++	+	+	+	+
Griechischer Salat (S. 38)	+	++	+	+		+	+	
Chicorée-Trauben-Salat (S. 38)	++	++	+					
Chicorée (S. 42)	++	++	+	+	+	+		
Apfel-Sauerkraut (S. 43)	++	++	+	++	+	+		+
Sellerierösti (S. 43)	++	++	+			+		

++ = absolutes Traumpaar
+ = unbedingt auch mal probieren

	STEAK	SCHNITZEL	HUHN	LACHS	GARNELE	EI	FETA	TOFU
Pilz-Paprika-Pfanne (S. 44)	++	++	++			+		+
Möhren-Nudeln (S. 46)	++	++	+				+	
Käse-Topinambur (S. 46)	++	++	+			+		
Möhren-Rote-Bete-Salat (S. 50)	++	+	++	+		+	++	+
Zitroniger Fenchelsalat (S. 50)	+	+	++	++	++		+	+
Weißes Bohnenpüree (S. 52)	++	++	++	++	++	+	+	+
Kürbis-Apfel-Püree (S. 52)	++	++	++			++	+	+
Orangen-Rotkraut (s. 54)	++	++	++	+		+	+	+
Orangen-Fenchel-Gemüse (S. 54)	+	+	++	++	+		+	+
Sellerie-Fritten (S. 58)	++	++	++	+			+	+
Ofenrosenkohl (S. 59)	++	+	++	+		+	+	
Ofenbrokkoli (S. 59)	++	+	++	+		+		+
Blumenkohlreis (S. 60)	++	+	++	+	+	+		+
Rettichsalat (S. 64)	++			++	+			++
Fenchel-Apfel-Salat (S. 66)	+	+		++	+			
Grill-Zucchini (S. 70)	++	+	+	++	+		++	
Zitronen-Rahm-Wirsing (S. 71)	+	+	+	++	+			
Ofenspargel (S. 71)	++	+	+	++	+			
Ofentopinambur (S. 72)	++	++		++	+			
Schmorgurken-Gemüse (S. 72)	+	+	+	++	+	+	+	+

	STEAK	SCHNITZEL	HUHN	LACHS	GARNELE	EI	FETA	TOFU
Zucchini-Nudeln (S. 74)	+	+	+	++	+	++		
Chinakohl-Kokos-Curry (S. 80)		+		+	++			+
Kopfsalat-Erbsen-Gemüse (S. 80)	++	+	+	++	++	+		
Mangold mit Pinienkernen (S. 81)	+	+	+	+	++	+	+	+
Scharfer Schmor-Kohl (S. 81)	++	++	+	+	++	+	+	+
Brokkoli-Mandel-Taboulé (S. 82)	+	+	+	+	++	++	+	+
Scharfer Chinakohl-Slaw (S. 82)	+	++		+	++			+
Bohnensalat mit Garnelen (S. 84)	++	++	+	+	++	+	+	+
Fruchtiger Gurkensalat (S. 86)	++	+	+	+	++			+
Grünkohlsalat (S. 86)	+	+	+	+	++	+		+
Kürbis-Pad-Thai (S. 88)				+	++			
Paprika-Linsen-Gemüse (S. 92)	+	+	++			++	++	+
Gemüse-Pfanne (S. 96)	+	+	+		+	++	++	
Sellerie-Senf-Püree (S. 97)	++	++	++	+		++		+
Blumenkohl (S. 97)	++	++	+	+		++	+	+
Nizzasalat (S. 98)	+	+	+			++	+	
Fried Kohlrabi-Nudeln (S. 98)	+	+	+	++	+	++		++
Spargelsalat (S. 102)	+	+	+	++	++	++		+
Frühlingssalat (S. 103)	+	+	+	++	+	++	+	+
Avocado-Grapefruit-Salat (S. 103)	+			++	++	++		

	STEAK	SCHNITZEL	HUHN	LACHS	GARNELE	EI	FETA	TOFU
Spargel-Gratin (S. 104)	++	++	+	+		++		
Antipastiteller (S. 108)	++	++	++	+	+	+	++	+
Hasselback-Zucchini (S. 110)	++	++	++	+			++	+
Steckrüben-Linsen-Püree (S. 110)	++	+	++			+	++	+
Grünes Ofengemüse (S. 114)	++	++	++	+	+	+	++	+
Rote Spinat-Linsen (S. 115)	++	++	++			+	++	+
Schnelles Ratatouille (S. 115)	++	+	+			++	++	+
Sommersalat (S. 116)	++	+	+	+	+	++	++	+
Rote-Bete-Kichererbsen-Salat (S. 118)	++	+	++	++	+	+	++	++
Zucchini-Nudeln mit Tomaten-Dressing (S. 118)	++	+	+	++	+	+	++	+
Spinat-Omelett (S. 120)					++		++	+
Grünes Curry (S. 124)	++	+	+	+	+			++
Gemüse-Nudeln (S. 126)	+	+	++	+	++			++
Regenbogensalat (S. 126)	+	+	+	++	+	+	+	++
Wok-Gemüse (S. 130)	++	++	+	++	+	+		++
Geschmorte Ofentomaten (S. 131)	++	+	+			++	++	++
Scharfer Asia-Brokkoli (S. 131)	+	+	++	++	++	+		++
Grünkohl-Kokos-Curry (S. 132)	++	+	++	+	++			++
Curry-Kokos-Kohl (S. 132)	++	+	++	+	+	++		++
Kohl süß-sauer (S. 134)			+	++	++			++

REGISTER

DIE AUTORINNEN

Tanja Dusy fühlt sich am wohlsten, wenn es in der Küche richtig rundgeht. Sie schreibt seit 15 Jahren erfolgreich Kochbücher und war lange Zeit als Redakteurin tätig. Als Küchenprofi entwickelt sie Rezepte, die nicht nur verlässlich gelingen, sondern auch das besondere Etwas haben.

Inga Pfannebecker hat ihre Leidenschaft für gutes Essen als freie Food-Journalistin und Kochbuchautorin zum Beruf gemacht. Am liebsten entwickelt die in Amsterdam lebende Ernährungswissenschaftlerin alltagstaugliche Rezepte, in denen sich gesunde Ernährung, neue Trends und Genuss perfekt ergänzen. www.inga-pfannebecker.de

DIE FOTOGRAFIN

Katrin Winner sammelte schon während ihres Studiums als Grafik-Designerin und Fotografin Erfahrungen bei namhaften Food-Fotostudios in Hamburg und München. Nach fünf Jahren Festanstellung als Fotografin beschloss sie, sich mit einem eigenen Fotostudio selbstständig zu machen. Seit Anfang 2018 betreibt sie erfolgreich ihr eigenes Atelier für Food- und Still-Life-Fotografie in München. www.katrinwinner.de

IMPRESSUM
Bibliografische Information der Deutschen Bibliothek.

Die Deutsche Bibliothek verzeichnet diese Publikation in der Deutschen Nationalbibliografie.

Detaillierte bibliografische Daten sind im Internet über http://www.dnb.de/ abrufbar.

EIN BUCH DER EDITION MICHAEL FISCHER

1. Auflage 2019

Covergestaltung, Layout und Satz: Yvonne Witzan
Projektleitung, Redaktion und Lektorat: Marline Ernzer
Fotografie: Katrin Winner
Foodstyling: Katrin Winner, Alissa Poller, Gerlinde Hans
Coverabbildungen: © Schutterstock: zefirchik06, zarzamora, Natalia Lisovskaya, Anna Shepulova, Olga Miltsova

ISBN 978-3-96093-309-0

Gedruckt bei Polygraf Print, Capajevova 44, 08001 Prešov, Slowakei

www.emf-verlag.de